버리고, 비우기

TAUSCHE CHAOS GEGEN LEICHTIGKEIT by Gabi Rimmele
Copyright © 2015 Patmos Verlag in der Schwabenverlag AG, Ostfildern
Korean Translation Copyright © 2017 Touch Art Publishing Co.
All rights reserved.
The Korean language edition is published by arrangement with
Verlagsgruppe Patmos in der Schwabenverlag AG through Momo Agency, Seoul.

이 책의 한국어판 저작권은 모모 에이전시를 통해
저작권자와 독점 계약한 (주)터치아트에 있습니다.
저작권법에 의해 한국 내에서 보호를 받는 저작물이므로
무단 전재와 무단 복제를 금합니다.

삶이 복잡하고
무거운 당신에게

버리고, 비우기

가비 림멜레 지음 | 장혜경 옮김

터치아트

차례

여는 글
혼란을 버리고 가벼운 삶을   6

1장 • 물건이 쌓이는 이유
물건이 자꾸 늘어나요   18
결핍의 경험 '언젠간 쓸 데가 있겠지'   27
쓸 만한 걸 버리자니 죄책감이 들어요   35
어느 정도까지 버려야 할지 모르겠어요   40
완벽하게 정리해야 하는데 엄두가 안 나요   47
소중한 물건이라 차마 버릴 수가 없어요   52
선물 받은 것을 어떻게 버려요?   56

2장 • 정리를 위한 준비
정리의 목표를 구체화한다   64
구분하고 결정한다   68
취향과 환경의 변화를 인정한다   74
버리는 데도 용기가 필요하다   80
작별이 쉬운 물건부터 하나씩   84
집 안 지도를 만든다   89

3장 • 공간 정리

계획 짜기	104
욕실	108
부엌	112
옷장과 신발장	118
거실과 서재	124
지하실, 다락방, 베란다	135
전자 데이터	138
질서를 오래 유지하는 10가지 방법	141

4장 • 마음 정리

자신의 에너지에 맞게 생활한다	152
부담스러운 인간관계 내려놓기	157
잘못된 습관 바꾸기	166
잘못된 신념 바꾸기	172

맺는 글
내 삶이 어떻게 변화했는가?   178

여는 글
혼란을 버리고
가벼운 삶을

"옷장이 넘쳐 나요. 좀 버리고 정리해야 할 것 같은데 뭘 버려야 할지 모르겠어요. 거의 안 입는 옷도 버릴 수가 없어요. 앞으로 어떤 일이 닥칠지 모르는데 혹시 입을 일이 있을지도 모르잖아요. 그러니 낡아 해진 티셔츠 한 장도 못 버리는 거예요. 우리 집 옷장이 어떤 꼴일지 상상이 가죠?"

나는 이런 이야기를 정말 자주 듣는다. 토요일마다 주말 장터에서 벼룩시장을 열고 정리 컨설턴트로 일하면서 직업상 많은 사람들을 만나다 보니 안 쓰는 낡은 물건을 못 버리는 사람들이 의외로 많다는 사실을 알게 되었다. '내일 해야지' '다음 주에 해야지' 미루다가 몇 년이 지나도 버리지 못하고 하나둘씩 늘어난 물건들이 산더미를 이룬다. 그리고 나중에는 그 엄청난 양에 압도돼 이러지도 저러지도 못한다.

  물건을 쌓아 두는 것은 알고 보면 마음의 문제에서 비롯된 경우들이 많다. 물건을 버리는 것이 작별처럼 정서적인 측면과 관계있는 문제이기 때문이다.

  과잉의 문제는 눈에 보이지 않는 부분에서도 일어난다. 온갖 활동에 몸을 혹사시키거나 일정을 빽빽하게 짜놓고 그것을 모두 소화해 내느라 정신없이 뛰어다닌다. 과도한 인간관계에 허덕이면서도 습관 때문에 사람들과의 관계를 정리하지 못한다. 정리 정돈은 단순히 물건을 정리하는 차원을 넘어 삶 전체에서 버거운 것들을 내려놓는 과정으로 이해해야 한다.

  이 책은 당신이 다양한 관점에서 정리 정돈을 바라볼 수 있도록 도와줄 것이다. 자기 자신에 대해 깊이 들여다볼 수 있도록 도와줄 것이며, 당신의 생활 공간뿐 아니라 마음의 영역까지 정리해 해묵은 짐을 벗어 버릴 수 있도록 도와줄 것이다. 당신이 혼란에서 벗어나 가벼운 삶을 살 수 있도록 도와줄 것이다. 해묵은 것을 버리고 정돈하면 막혀 있던 에너지가 순환하며 삶의 질과 만족도가 높아질 것이다.

나의 경험담

몇 년 전, 우연히 집 안 정리를 시작했다. 별생각 없이 시작했는데 예상 외로 너무 많은 시간이 걸렸고 정리를 완전히 다 끝냈더니 몇 년이 훌쩍 지나 있었다. 물론 쉽게 금방 끝낸 부분도 있었다.

예를 들어 옷걸이에 걸려 있거나 종이 박스에 보관하던 옷은 작은 옷장을 마련해 몽땅 집어넣었다. 지저분하던 옷걸이와 박스가 사라지니 방이 아주 깔끔해졌다.

하지만 시간도 오래 걸리고 정리가 잘 안 되는 곳도 있었다. 다락방에 올려놓고 까맣게 잊고 있던 박스 세 개가 특히 그랬다. 그 안에는 편지와 엽서가 잔뜩 들어 있었다. 추억이 깃든 물건이라 몽땅 쓰레기봉투에 쏟아 버릴 수는 없었다. 그래서 한 통 한 통 읽기 시작했다. 편지를 읽으면서 지난날의 기억들을 다시 한 번 더 들었다. 수많은 기억들이 떠올랐다. 아름다운 기억도 있었지만 가슴 아픈 기억도 많았다. 그렇게 편지를 전부 다 읽고 버릴 것과 간직할 것을 구분하기까지 몇 달이 걸렸고 박스 한 개가 남았다. 그것도 많았다. 다시 한 번 남은 편지와 카드를 훑어보며 좀 더 엄격한 기준으로 꼭 간직하고 싶은 것들만 골라냈다. 그리고 마침내 편지 한 묶음만 남겼고 그것으로 만족했다. 이 소중한 편지들은 작은 통에 넣어 영원히 보관해도 좋을 것이다.

낡아 헤졌거나 몸에 안 맞는 옷, 두세 개씩 있는 전자 제품과 책, 장식품들과도 몇 년에 걸쳐 작별을 고했다. 물건이 줄어들면서 몸이 가벼워졌고 마음도 홀가분해졌다. 마음에서 정말 많은 변화가 일어났다. 처음에는 엔진이 고장 난 자동차처럼 기운이 없고 목표도 없었다. 하지만 정리를 시작하면서 많은 것들이 변화하기 시작했다. 일적으로도 개인적으로도 많은 변화가 일어났다. 낡은 습관이 사라지고 마음의 빗장이 열렸다. 공간 정리가 마음 정리와 함께 이루어졌고, 나는 그 둘이 절대 별개의 것이 아니라는 사실을 깨달았다. 몸과 마음이 눈에 띄게 가벼워지고 자유로워졌다. 예상치 못했던 에너지가 불끈 솟아 올랐다.

당시 나는 시간제 사회복지사로 일하고 있었다. 짬짬이 프리랜서 컨설턴트로도 일했다. 예상치 못했던 힘이 솟구치면서 나는 이 에너지를 하던 일에 쏟아부을지 다른 곳에 써야 할지 고민하기 시작했다.

나는 가끔 우리 사회의 현실과 병폐를 우려하는 정치 집회에 참석하곤 했다. 정치인들은 경제 성장을 모든 문제의 만병통치약처럼 선전하지만 사실 경제 성장의 이면에는 수많은 문제가 숨어 있다. 환경 문제 역시 그중 하나이다. 내가 참석한 집회에서는 환경 문제를 특히 집중적으로 다루었고 소비와 성장 너머의 삶의 질을 고민했다. 남미 철학자들이 주장하는 '굿 라이프'도 자주 거론되는 주제였다. 볼리비아나 에콰도르에서는 '굿 라이프' 이념이 이미 정치적 실천의 시험대에 올랐다. 그들이 외치는 '굿 라이프'의 핵심은 자연 및 타인과 하나가 되고, 서로를 희생시키지 않는 공동체적 삶이다. 집회에서는 다양한 자원 절약 방법을 소개해 주기도 했다. 이미 많은 사람들이 자원 보호를 위해 안 쓰는 물건을 서로 바꾸고 나누고 선물하고 있었다. 중고 물건을 팔거나 나누어 주는 웹사이트도 속속 생겨나고 있었다.

문득 나도 그런 일에 동참하고 싶다는 생각이 들었다. 그리고 다행스럽게도 큰 고민 없이 방법을 찾았다. 내가 사는 베를린에서 매주 토요일 열리는 작은 주말 장터에 이동 벼룩시장을 열기로 한 것이다. 내가 생각한 벼룩시장의 원칙은 첫째, 누구나 최대한 간편하게 이용할 수 있어야 하고 둘째, 누구나 편하게 찾아올 수 있어야 하며 셋째, 누구나 안 쓰는 물건을 가져와서 원하는 것으로 교환할 수 있어야 한다는 것이었다. 즉, 자신은 안 쓰지만 버리기엔 아까운 물건을 무료로 교환하는 장소, 집에서 괜히 자리만 차지하던 물건이 새 주인을 만날 수 있는 장소를 떠올렸다.

몇 주 동안 고심한 끝에 생각을 실천에 옮기기 시작했다. 일단 이동 벼룩시장의 아이디어를 짧게 요약해 주말 장터 책임자를 만났다. 책임자는 아주 흔쾌히 장소를 마련해 주었다. 수소문 끝에 물건을 운반할 수 있는 선반이 달린 작은 트럭도 구했다. 친구가 손수 옷걸이를 만들어 주었고 선반도 필요에 맞게 고쳐 주었다.

준비가 끝나자 먼저 지인들을 상대로 벼룩시장 파티를 열었다. 내 계획의 출발점이었다. 아무에게도 선택받지 못한 물건들을 모아 본격적으로 이동 벼룩시장을 열었다. 아이디어를 처음 떠올린 지 5개월 후인 2012년 10월의 어느 토요일 아침이었다. 놀랍게도 벼룩시장은 곧 주말 장터의 빠질 수 없는 행사가 되었고 지역 주민들의 활기찬 교환과 만남의 장소로 발전했다.

이동 벼룩시장과 함께 또 하나의 프로젝트를 구상했다. 지금껏 배운 지식과 경험을 개인적인 정리 정돈 경험과 연결시켜 조금 더 의미 있는 일을 해보자는 계획이었다. 나 스스로 정리 정돈을 하면서 얼마나 큰 해방감과 힘을 얻었는지 모른다. 다른 사람들도

나 못지않게 해묵은 짐을 털어 내고 싶을 것이라는 확신이 들었다. 정리 컨설팅에 관심을 가지면서 2012년 7월부터 정리 컨설팅 일을 시작했다. 이 책에는 이동 벼룩시장에서 주고받은 수많은 대화의 흔적들이 담겨 있다. 많은 사람들이 나를 찾아와 정리 정돈에 대한 자신들의 경험담을 허심탄회하게 털어놓았다.

이 책에는 나의 정리 정돈 비법과 경험담도 듬뿍 담겨 있다. 나는 물건 정리는 항상 마음 정리를 동반한다고 믿는다. 그래서 물건을 정리하다 보면 내가 왜 특정 물건에 그토록 집착하는지 보다 근본적인 이유를 깨닫게 되고 예전보다 더 가볍고 활기찬 삶을 꾸려 갈 수 있는 새로운 길을 찾을 수 있다.

이동 벼룩시장

2012년 10월부터 매주 토요일, 베를린 프렌츨라우어 베르크 시구의 주말 장터에서 아침 9시 30분부터 오후 4시까지 이동 벼룩시장이 열린다. 누구나 이용할 수 있고 누구나 안 쓰는 물건을 가져와 원하는 물건으로 바꿔 갈 수 있다. 트럭 앞쪽에 큰 탁자를 펴서 책이 든 박스와 아동용 옷이 든 박스를 늘어놓고 그 옆에는 옷걸이를 두고 성인용 옷을 걸어 둔다.

벼룩시장에서는 책, 옷, 구두, 공구, 소형 전자 제품, 식기, 잡동사니 등 휴대 가능한 모든 물건을 교환할 수 있다. 덩치가 큰 전자 제품이나 가구는 장소가 협소한 탓에 직접 교환할 수 없다. 대신 '식탁이 필요합니다' '아동용 자전거 드려요'와 같은 쪽지를 트럭에 붙여 두면 된다.

　벼룩시장에 나오는 물건은 대부분 중고 물건이다. 하지만 포장도 뜯지 않은 새 물건도 종종 눈에 띈다. 매주 토요일 이곳에 있으면 사람들의 취향과 기호가 얼마나 다양한지 실감한다. 누군가에게는 이마를 찌푸리게 만드는 물건이 누군가에게는 탄성을 자아내는 대발견이 되기 때문이다. 내가 싫어하는 물건이 어떤 이에겐 기쁨이 될 수 있는 것이다.

　주고받는 물건의 가치가 반드시 같아야 하는 것도 아니다. 어떤 사람들은 벼룩시장에 물건을 갖다 줌으로써 집이 넓어진다는 사실만으로도 기뻐한다. 마음에 드는 물건을 발견했지만 우연히 시장에 들른 터라 가져온 물건이 없는 경우도 있다. 그런 사람도 마음에 드는 물건을 가져갈 수 있다. 물론 대부분의 사람들은 안 쓰는 물건을 가져와서 자기에게 필요한 물건으로 바꿔 가지만 모두가 원하는 만큼 참여할 수 있다. 사람들의 모습도 각양각색이다. 얼른 물건만 건네주고 가버리는 사람이 있는가 하면 한참을 서성이며 찬찬히 물건을 고르는 사람도 있다. 책에만 관심을 보이며 이곳을 도서관처럼 이용하는 사람도 있고 전체를 다 돌아보며 건질 것이 없나 유심히 살피는 사람도 있다. 매주 하루도 안 빠지고 꼭 들르는 단골손님이 있는가 하면 마음 내키는 대로 불쑥 얼굴을 들이미는 손님도 있다. 그리고 매주 꼭 처음 오는 사람들이 있다. 장터 구경 중 우연히 벼룩시장을 발견한 사람들이거나, 여행 중인 관광객들이다.

벼룩시장은 곧 주말 장터의 고정 행사가 되었다. 매주 토요일마다 약 200여 명이 찾아와 물건을 교환하거나 사람들을 만난다. 우리 벼룩시장이 만남의 장소로도 크게 인기를 얻었기 때문이다. 친구나 지인들과 벼룩시장에서 만나서 잠시 물건을 살펴본 후 본격적으로 장터 구경에 나선다. 물건을 고르다가 생전 처음 본 사람끼리 대화를 나누기도 한다. 진귀한 꽃병을 발견하고 서로 마주 보고 웃기도 하도 자기가 읽은 책을 권하기도 한다. 엄마 아빠가 아이 옷을 고르는 동안 아이는 마음에 드는 장난감을 골라 신나게 놀기도 한다. 자기들끼리 대화를 나누기도 하고 내게 물건을 건네며 물건에 얽힌 사연을 들려주거나 정리의 어려움을 토로하기도 한다. 그 모든 순간이 내게는 정말로 소중하고 값진 시간들이다.

그사이 벼룩시장의 도우미를 자처하는 사람들도 나타났다. 정기적으로 일손을 덜어 주는 사람들도 많지만 물건을 고르러 왔다가 마침 제대로 정리가 안 되어 있다 싶으면 바로 팔을 걷어붙이고 도와주는 사람들도 적지 않다.

벼룩시장은 원래의 목적을 뛰어넘었다. 처음에 나는 환경에 도움이 된다는 생각에 이 일을 시작했다. 물건을 나눠 쓰면 쓰레기가 줄어들고, 자원을 절약하며 경제적 이익도 얻을 수 있다. 나아가 해묵은 짐을 버리지 못하고 고민하는 사람들에게 도움의 손길을 건네고 싶었다. 그런데 결과는 내 예상을 훨씬 뛰어넘었다. 벼룩시장이 많은 사람들에게 의미 있는 일을 할 수 있는 터전을 마련해 준 것이다. 나 또한 이곳에서 많은 사람들의 도움을 받았기에 매주 토요일을 기쁜 마음으로 기다린다. 기쁨은 어차피 우리 벼룩시장의 '신용 화폐'이니까. 나누는 기쁨, 발견의 기쁨, 주고받는 미소와 인사, 대화와 농담, 웃음소리······.

　벼룩시장은 휴가차 1년에 두 번 문을 닫는다. 휴가가 끝나고 다시 문을 열면 사람들이 반갑게 다가와 인사를 건넨다. "안 나오셔서 어찌나 아쉽던지. 다시 뵈니 정말 반가워요!"

삶의 지혜, 내려놓기

개인적 경험을 통해, 그리고 벼룩시장에서 만난 사람들과 상담 사례들을 통해 나는 물건 정리와 마음 내려놓기는 별개가 아니라는 사실을 깨달았다. 마음을 내려놓는 것이 진정한 삶의 지혜라는 사실도 이해하게 되었다. 마음을 내려놓기 시작한 사람들은 예전보다 훨씬 더 여유를 갖고 세상을 바라본다. 달라진 상황에도 보다 수월하게 적응하며 적극적으로 자기 삶을 만들어 간다. 물건을 정리하고 마음을 비우기 시작한 사람들은 하나같이 예전보다 정신이 맑아지고 일상생활의 질서가 잡혔다고 말한다. 그래서 새로운 일에 과감히 도전할 에너지가 생겼고 예전보다 훨씬 가볍고 즐거운 마음으로 삶에 임하게 되었노라고.

　내려놓기는 적극적인 행위이다. 무엇보다 자신이 처한 상황, 타고난 기질, 현재의 감정과 마주해야 하기 때문이다. 다시 말해 자신의 욕망과 감정을 보다 주의 깊게 관찰하며 자신의 생활 방식을 바꿔 나가야 한다. 이 책은 내려놓기를 위한 다양한 조언을 해줄 것이다. 정리 정돈과 관련해 늘 부딪히는 몇 가지 주제들을 잘 선별해 이해하기 쉽게 설명해 줄 것이다.

대부분의 장은 벼룩시장에서 혹은 정리 컨설팅을 하면서 겪은 짧은 사례로 시작할 것이다. 또 중간중간 실천 노트를 소개해 정리 정돈을 직접 실천해 볼 수 있도록 했다. 한 걸음 한 걸음 나아가다 보면 어느새 여러분도 정리 정돈과 내려놓기의 기술을 완전히 익히게 될 것이다. 이 책에서 소개한 방법을 조금씩 배우고 익혀 마침내 여러분의 삶의 일부로 만들 수 있기를 바란다.

실천 노트 | **정리 일기 쓰기**

노트를 한 권 마련해 정리 일기를 써보자. 정리 정돈 기간 동안 노트를 항상 갖고 다니자. 정리 정돈을 하면서 당신이 특히 관심 가졌던 주제나 유용한 아이디어 등을 노트에 적는다. 뒤에서 소개할 실천 노트를 따라할 때도 이 노트를 이용하면 된다. 글로 적어 두면 나중에 필요할 때 언제라도 꺼내 볼 수 있어 편리하다.

정리 노트는 성공을 기록할 때도 유용하다. 한 걸음 한 걸음 당신이 이룬 성과를 기록하는 것이다. 컨설팅을 하면서 자주 느끼는 것은 많은 사람들이 처음엔 엄청난 의욕을 갖고 시작했다가도 몇 주 지나면 시들해져서 쉽게 포기하고 만다는 것이다. 이럴 때 지난 몇 주 동안 이룬 결과와 변화를 되돌아보면 스스로가 대견해져서 다시 의욕이 생길 것이다.

• 1장 •

물건이 쌓이는 이유

사람마다 사연이 있다. 물건을 사 모으기만 하고 잘 버리지 못하는 사람들에게도 각자 나름의 이유와 경험이 있다. 하지만 잘 들여다보면 그렇게 되기까지 그들에겐 공통적으로 몇 가지 동기와 배경이 있다. 1장에서는 물건을 버리지 못하는 사람들의 몇 가지 기본 동기와 원인들을 살펴볼 것이다. 우리가 왜 물건을 쉽게 버리지 못하는지, 그 이유를 어렴풋하게나마 심삭하고 이해할 수 있을 것이다.

물건이 자꾸
늘어나요

"어떻게 해야 물건이 더 늘어나지 않을까요? 정리하려고 무척 애를 쓰는데 하나를 버리면 두 개가 생기는 기분이에요. 아무리 애를 써도 물건이 자꾸 늘어나요. 솔직히 제가 유혹에 약하기는 합니다. 예쁜데 가격까지 싸면 저도 모르게 손이 가거든요. 거저 얻는 기분이랄까? 얼마 전에는 정말 예쁜 타이머를 샀어요. 큰 계란 모양인데 형광 초록색이어서 얼마나 예쁜지 몰라요. 도저히 안 살 수가 없었어요. 사서 집에 돌아오는데 어찌나 기분이 좋던지. 그런데 세상에, 집에 와서 작동시켜 보니 잘 안 되는 거예요! 계란 윗부분을 원하는 시간에 맞춰 돌리는 건데 시간이 정확하지 않아요. 어떤 땐 30초 빨리 울리고, 어떤 땐 30초 늦게 울리고, 제멋대로예요. 그래서 어쩔 수 없이 예전처럼 손목시계로 시간을 재고 있어요. 그래도 타이머는 여전히 식탁에서 굴러다니고 있어요. 너무 예뻐서 도저히 버릴 수가 없거든요."

"한 번씩 대청소를 해요. 물건을 상자에 담아서 지하실로 옮기죠. 그런데 금방 또 물건이 쌓이는 거예요. 산 것도 있고 어디서 온 건지 모르는 것도 있고……."

어느 날 정신을 차려 보니 도저히 감당할 수 없다. 어쩌다 이 지경이 되었을까? '많아도 너무 많은' 물건들은 하늘에서 갑자기 떨어진 날벼락이 아니다. 보통은 오랜 시간에 걸쳐 아주 서서히 축적된 결과물이다. 어릴 적부터 물건 수집을 좋아해서 평생 집이 꽉 차지 않았던 적이 단 한 번도 없었다는 사람도 있다. 반대로 어떤 사건을 계기로 수집을 시작한 경우도 있다. 어쨌든 이들 모두에겐 공통점이 있다. 바로 '너무 많다'는 것이다. 물론 사람마다 물건이 쌓이는 과정도, 동기나 배경도 다 다르다. 가장 먼저 눈에 띄는 차이는 수집과 적체이다. 이 둘의 차이를 살펴보자.

물건의 수집은 수집할 것과 하지 않을 것을 의식적으로 결정하는 적극적인 행위인 반면 물건의 적체는 소극적인 행위이다. 아무 것도 안 하는 것 같은데 물건은 하염없이 쌓인다. 물건을 모으려고 작정한 것도 아닌데 어쩌다 보니 물건이 집에 있다.

물론 수집과 적체의 양극단 사이에도 수많은 형태의 수집과 적체가 있다. 적극적인 부분과 수동적인 부분이 서로 뒤엉키는 형태들이다. 예를 들어 수집을 하다 보니 자동 수집 장치라도 달린 것처럼 예상보다 훨씬 많은 물건들이 급속도로 집 안에 쌓이는 경우다. 이에 대해서는 뒤에서 더 자세히 알아볼 것이다.

수집의 열정

먼저 의도적인 물건 수집에 대해 살펴보자. 우표, 동전, 모형 자동차에서부터 그림, 책, 잡지, 성냥갑, 맥주 컵 받침을 거쳐 자동차 표지판 사진, 입장권, 레스토랑 영수증까지 모으지 못할 것이 없다. 이 세상의 모든 물건이 수집의 대상이 될 수 있다.

대부분의 수집가들은 공통적으로 수집에 큰 열정을 바친다. 새 물건을 보면 기뻐서 어쩔 줄 모르고 당장 그것을 사람들에게 자랑하며 기쁨을 나누고 싶어 한다. 사실 마음 한편에는 사람들의 감탄을 즐기고 싶은 마음도 크다. 그래서 최대한 많이, 최대한 다양한 물건을 가지려고 하고 특히 희귀한 물건을 보면 탐을 낸다. 그러나 꼭 희귀품이 아니라도 좋다. 리우데자네이루의 술집에서 가져온 컵 받침 하나로도 친구들의 관심과 감탄을 한 몸에 받을 수 있을 테니까.

물론 수집가라고 해서 다 같은 수집가는 아니다. 무엇을 어떻게 수집하느냐에 따라 매우 큰 차이가 있다. 희귀품 수집가가 있는가 하면 추억의 물건 수집가도 있다. 어떤 사람들은 온갖 종류의 책을 모으지만 어떤 사람들은 특정 분야의 책만 모은다. 음악을 너무 사랑해서 음반을 수집하는 사람이 있는가 하면 만들기를 너무 좋아해서 휴지 심, 종이, 천 조각 들을 수집하는 사람들도 있다. 또 어떤 사람은 소셜 네트워크를 통해 친구를 모은다. 하지만 수집가들을 크게 다음의 두 가지 그룹으로 나눌 수 있다.

첫 번째 그룹은 취미로 물건을 수집하는 사람들이다. 그중에는 취미를 뛰어넘어 끝없이 정보를 수집하고 세세한 부분까지 파고들어 거의 전문가 수준에 이른 사람들도 많다. 이런 사람들을 '전문 수집가'라고 부르자. 열정적으로 전문 지식을 쌓고 취미가 같은 사람들과 정보를 교환하고 새로운 물건을 찾으면서 삶의 의미를 찾는 사람들이기 때문이다. 이들은 같은 성향의 사람들과 자주 만나 친목을 도모하고 능력을 키우며 기쁨을 나눈다. 경쟁을 통해 서로의 수집 열정을 북돋우기도 한다. 이들 중에는 아예 정기 모임을 갖는 그룹도 있고, 개별적으로 필요할 때만 연락을 취하는 느슨한 형태의 모임이 있는가 하면, 인터넷 등 가상 공간에서만 만나는 그룹도 있다.

두 번째 그룹은 여행 중에 물건을 수집하는 사람들이다. 이들은 대부분 한 종류의 물건을 수집하는데, 세계 각지에서 생산된 각양각색의 색깔과 형태별로 물건을 수집한다. 담뱃갑이나 맥주 컵 받침은 물론이고 입장권이나 식당 영수증까지 보물처럼 정성껏 모은다. 그런데 여행 수집가들은 대부분 어릴 때 수집을 시작했다가 나이가 들면서 차차 열정이 식는다. 결국 날을 잡아 수집품을 몽땅 처분하고 수집을 그만두는 경우가 많다.

이러한 '여행 수집'은 사실상 여행지에서의 아름다운 추억과 경험을 오래 간직하려는 노력이다. 여행의 경험이 강렬하고 인상적일수록 오래 붙잡아 두고 싶은 것이 사람 마음이니까. 수집품이 곧 그 사람의 일부이자 정체성이 되는 것이다. 그러나 여행이 해마다 반복되는 연례행사가 되면 여행지에서의 경험과 기억도 평범한 일상이 되고 점차 흥미를 잃다가 결국 중단되고 말 것이다.

그러나 '전문 수집'과 '여행 수집' 모두 매우 적극적인 수집 행위이며 명확한 결정의 결과물이다. 모을 것과 그렇지 않은 것이 확실히 구분된다. 특히 '전문 수집가'들에게는 제작 연도별, 지역별 등 나름의 수집 원칙과 기준이 있다. 물론 최대한 많이, 최대한 다양하게, 최대한 완벽하게 모으는 것이 관건이다. 그래서 심한 경우 수집품에 엄청난 돈을 투자하거나 수집 중독에 빠지기도 한다. 그들 대부분은 수집을 삶을 풍요롭게 하는 흥미로운 활동으로 생각한다.

다양한 형태의 수집과 적체

적극적인 수집과 소극적인 적체가 서로 뒤섞인 형태도 많다. 몇 가지 예를 들어 보자. 돌고래 인형을 모으는 사람이 있다. 돌고래를 너무 좋아해서 색깔별, 모양별로 디자인을 가리지 않고 돌고래 인형만 보면 사족을 못 쓴다. 세월이 흐르면서 열정이 식은데다 이미 돌고래 인형이 너무 많아서 그만 모으려고 하지만 습관적으로 계속 모은다. 혹은 본인은 수집을 멈추었지만 주변에 미처 알리지 못해서 계속 선물 받는 통에 어쩔 수 없이 인형이 자꾸만 늘어난다.

시간만 나면 이것저것 만들고 고치는 것을 좋아하는 사람이 있다. 그러다 보니 재료가 될 만한 물건을 계속 모아서 어느새 평생 동안 써도 다 못 쓸 만큼 재료가 넘친다. 하지만 어떤 것을 버려야

> "갑자기 거실에 종이가 산더미처럼 쌓여 있는 거예요. '어제까지만 해도 없었는데' 하고 보면 작년 잡지가 있어요."

할지도 모르겠고, 또 언젠가 쓸 수 있을지 모른다는 생각에 선뜻 버리지 못한다.

잡지 정기 구독자 중에는 읽은 잡지를 버리지 않고 쌓아 두는 사람이 의외로 많다. 시작은 구독을 결정하는 적극적 행위였지만 나중에는 다시 들춰 볼 확률이 희박한 잡지를 습관적으로 매달 차곡차곡 쌓아 둔다.

이런 사례들만 봐도 수집의 자체 동력이 얼마나 대단한지 짐작할 수 있다. 적극적 수집과 소극적 적체의 경계는 쉽게 무너지고 또 당사자 대부분이 깨닫지 못한다. 전혀 모르고 있다가 어느 순간 문득 산더미같이 쌓인 물건들이 눈에 들어온다. 봄맞이 대청소를 하다가 어느 순간 방구석에 쌓인 잡지에 눈길이 가면서 '아, 내가 5년 동안이나 잡지를 안 버렸구나' 하고 깨닫는다. 세상에나! 책꽂이를 만들고 싶어 적당한 나무를 찾으니 지하실에 나무 조각이 엄청나게 쌓여 있다.

이처럼 정리는 적극적 수집과 소극적 적체의 모호한 경계를 깨닫는 과정이다. 정리를 시작하면 물건을 끌어모으던 손길을 멈추고 새로운 결정을 내리게 된다. 이내로 계속 모을 것인가? 아니면 여기서 그만둘 것인가? 더불어 영원한 것은 없다는 인생의 이치를, 기호와 취미, 관심과 소망 역시 변한다는 사실을 깨닫게 된다.

예를 들어 오랜 세월 돌고래 인형을 수집하던 사람은 자신이 몇 년 전부터 돌고래에 대한 흥미를 잃었지만 습관 때문에 계속 수집해 왔다는 사실을 깨닫고, 이제는 그만두기로 결심한다. 그동안 모은 인형들을 모두 사람들에게 나눠 주거나 단호하게 쓰레기통에 던져 버리거나, 아니면 그동안 모은 것만 고이 간직하기로 결심한다. 또 다른 돌고래 인형 수집가는 정리 과정에서 오히려 인형에 대한 애정이 더 커져 수집을 계속하기로 결정할 수도 있다. 손길을 잠시 멈춤으로써 오히려 수집에 대한 열정을 다지고 예전보다 더한 기쁨으로 수집에 몰두할 수 있게 된 것이다. 이처럼 정리 정돈은 새로운 깨달음, 에너지, 기쁨을 가져다준다.

감당할 수 없는 수준이 되면

쌓인 수집품은 내 결정 때문이니 어쩔 수 없다 하더라도 일상생활에서 따라오는 각종 소소한 물건들은 정말이지 부담이 아닐 수 없다. 매일 한 부씩 늘어나는 신문, 길에서 무심코 받아 온 전단지, 자고 나면 늘어나는 아이들의 장난감……. 그뿐만이 아니다. 그 순간엔 예쁘거나 쓸모 있어 보여 충동구매했지만 막상 집에 와서 보니 아무짝에도 쓸모없거나 이미 똑같은 것이 있어 하릴없이 굴러다니는 물건들은 또 어쩔 것인가. 각종 판촉물, 안 쓰는 볼펜이나 지갑, 자질구레한 장신구들도 큰 공간을 차지한다. 아무리 치워도 식탁에 있던 것을 거실로 옮기는 수준에 불과할 뿐, 집 안 곳곳을 옮겨 다니며 공간을 좀먹는다. '나중에 버리지 뭐'라고 생각하지만 나중은 좀처럼 오지 않고, 좁은 집은 한 뼘도 더 넓어지지 않는다.

이 모든 것은 정상적인 현상이고 우리 인생의 일부이다. 살다 보면 너무 많은 물건 탓에 절망을 느낄 때가 있는가 하면, 또다시 의욕이 생겨 정리 정돈에 돌입하는 시기가 있다. 일상은 그렇게 돌고 돌며, 우리 인생 역시 그렇게 돌고 돈다. 문제는 '지나침'이 정도를 넘어 오랜 기간 지속되는 바람에 속수무책이 될 때다. 어떻게든 치우고 비워서 질서를 회복하려는 노력이 매번 실패로 돌아가고, 도저히 어떻게 해야 할지 대책이 안 설 때다. 중요한 것과 중요하지 않은 것을 구분하지 못해서 버릴 것과 버리지 말 것을

실천 노트 | 하루에 물건 세 개씩 버리기

정리 정돈도 습관이다. 물건을 집으로 가져오는 습관을 버리는 동시에 필요 없는 물건을 버리는 습관도 들여야 한다. 무슨 일이든 횟수가 잦을수록 더 쉽고 더 자연스러워진다.

일단 하루에 물건을 세 개씩 버리는 습관을 들여 보자. 세수를 하듯이 시간을 정해 놓고 그 시간에 반드시 세 가지 물건을 버리는 것이다. 가장 에너지가 넘치고 머리가 맑은 시간을 택한다.

부담 없이 마음 편하게 버릴 수 있는 물건부터 시작하자. 애착이 덜한 물건, 예를 들어 광고 전단지나 해묵은 잡지 같은 것이 좋겠다. 그런 식으로 점점 수위를 높이면 나중에는 절대 못 버릴 것 같던 물건도 마음 편하게 버릴 수 있다.

버리고 돌아섰을 때 어떤 기분이 드는가? 안도감? 기쁨? 해방감? 버릴 때 자신의 감정을 가만히 살펴보자.

선택할 수 없다. 모든 것이 다 중요하고 유용하고 필요할 것만 같다. 그러면서도 마음 한편으로는 물건들이 심하게 부담스럽고, 심지어 뭔가 실패한 듯한 기분마저 든다.

　이렇게 심각한 경우에는 혼자서 해결하려고 하지 말고 도움을 청하자. 가족, 친구, 지인에게 손을 내밀거나 전문가에게 상담을 받아 보는 것도 좋다. 그러나 이런 도움이 장기적인 효과를 거두려면 무엇보다 자신의 생각과 행동이 변해야 한다. 문제를 대신 해결해 주면 일시적인 효과는 있을지 몰라도 또다시 똑같은 문제가 반복될 위험이 크다. 본인의 의지와 노력이 무엇보다 중요한 것이다.

결핍의 경험
'언젠간 쓸 데가 있겠지'

우리 벼룩시장 단골손님 중 할아버지 한 분이 계신다. 할아버지는 토요일마다 물건을 들고 와 다른 물건으로 바꿔 가시는데 하루는 이런 말씀을 하셨다. "우리 집은 발 디딜 틈이 없어요. 한평생 물건을 모으기만 했지 버리지를 않았거든요. 어릴 때 우리 집은 정말 가난했답니다. 난민이었거든요. 부모님, 여동생, 나, 이렇게 네 식구가 트렁크 하나에 배낭 하나만 들고 독일로 넘어왔어요. 고향에 전부 다 두고 왔으니 그야말로 빈털터리였죠. 정말이지 소중하지 않은 게 단 하나도 없었어요. 모든 것이 다 쓸모가 있었죠. 어머니는 외할머니께 물려받은 값비싼 은 브로치를 겨우 챙겨 오셨는데 여동생한테 물려주셨어요. 그런데 여동생은 그걸 통 달고 다니지 않아요. 잃어버릴까 봐 겁이 나서요."

"우리 집엔 전동 드릴이 세 개 있어요. 쓰는 건 하나뿐인데 망가지면 어쩌나 불안한 마음에 하나 더 장만했죠. 그런데 또 하나를 얻어서 세 개나 된 거예요. 게다가 망가진 드릴이 하나 더 있는데 예전에 제일 아끼던 거라 그놈도 여태 못 버리고 간직하고 있어요."

정리 정돈에 어려움을 겪는 사람들 중에는 찢어지게 가난했던 경험이 있는 경우가 많다. 전쟁 통에 가진 것을 다 잃었거나 난민이 되어 고향을 떠나는 바람에 빈손으로 시작한 사람들이다. 혹은 가혹한 운명의 장난 탓에 전 재산을 잃었거나 갑자기 병이 들어 돈을 벌 수 없게 되었거나, 가난한 집에 태어나 교육을 제대로 받지 못해 평생 가난하게 살아야 했던 사람들이다. 배경은 달라도 이들에겐 공통점이 있다. 바로 가난과 결핍의 경험이다.

이런 사람들은 보통 두 번 다시 가난했던 시절로 되돌아가지 않기 위해 나름의 해결책을 모색한다. 그것이 바로 과도한 수집과 축재이다. 가난했던 과거를 되풀이하지 않기 위해 필요 이상의 많은 물건을 쌓아 두는 것이다. 눈에 보이지 않는 '소유의 진자'가 있는 힘을 다해 가난과 결핍의 반대 방향으로 움직인다.

'너무 지나친' 과잉은 혹시라도 있을지 모를 미래의 결핍에 대비하는 일종의 에어백이다. 문제는 기준 없이 끌어모아 모조리 쌓아 둔다는 데 있다. '언젠가 쓸 데가 있겠지' '손자가 태어나면 줘야지' '나중에 바느질을 하고 싶은데 이 천 조각을 지금 버리면 그

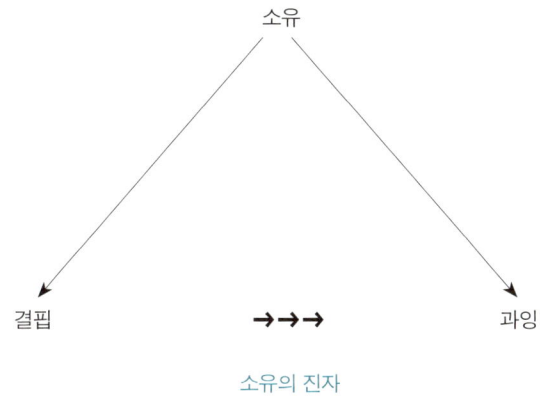

소유의 진자

때 후회할지도 몰라' 등과 같은 생각 때문에 천 조각 하나, 망가진 볼펜 하나도 버리지 못하고 차곡차곡 쌓아 둔다. 그렇게 일 년이 지나고 십 년이 지나면 본인조차 정말 필요한 것과 그렇지 않은 것을 구분할 수 없는 지경에 이르고 만다. 집은 좁아지고 물건에 치여 허리도 못 펼 상황이 된다. 생존을 보장하기 위해 모았던 물건이 오히려 생존을 위협하게 되는 것이다.

그뿐만이 아니다. 천장 끝까지 쌓여 있는 물건들은 사람의 에너지를 빼앗고 마음을 옥죈다. 재능을 펼칠 여지도, 창의력을 발휘할 공간마저도 빼앗아 버린다. 또 물건이 소중한 주거 공간을 차지해 버렸기 때문에 공간을 확보하기 위해 많은 돈을 들여야 한다. 안 그래도 고달픈 인생이 더 고달파진다. 에어백이 엉뚱한 곳에서 터져 운전자의 생명을 위협하는 꼴이다.

'마음의 가난'이 원인인 경우도 있다. 어린 시절, 부모나 형제들로부터 따뜻한 사랑을 받지 못한 사람들은 성인이 되어서도 늘 결핍감에 시달린다. 결핍감은 여러 형태로 표출되는데, 때로는 불이익을 당할지 모른다는 불안으로, 때로는 세상에 대한 불신으로, 때로는 뭔가 늘 부족한 듯한 불안으로 나타나기도 한다. 그 빈틈을 메우고 결핍을 채우기 위해 끊임없이 물건을 사지만 아무리 사고 또 사도 허전한 마음은 사라지지 않는다. 원인이 마음 더 깊숙한 곳에 있기 때문이다.

그렇다면 가난했던 경험 탓에 물건을 계속 모으는 사람들은 어떻게 해야 수집의 악순환에서 벗어날 수 있을까? 앞서 보았듯 끝없이 물건을 사 모으는 것은 마음의 문제에서 비롯된 것이다. 따라서 마음을 내려놓는 것이 가장 좋은 방법이다. 내려놓기란 삶에 대한 신뢰를 회복함으로써 막혀 있던 에너지를 다시 흐르게 하는 것이다. 삶을 신뢰하면 여유를 가질 수 있고 자신에게 조금 더 관대해질 수 있다.

조금 더 구체적으로 이야기하면, 내려놓기란 '소유의 진자'를 가만히 관찰하면서 현재의 상황을 점검하고 자신의 소유를 되짚어 보는 것에서 출발한다. 나는 물건을 사고 보관하는 데 얼마나 많은 시간과 에너지를 투자하는가? 물건을 찾는 데 시간이 얼마나 걸리는가? 물건을 고르지 않는다면 그 시간에 무엇을 하고 싶은가? 나의 수집벽 때문에 배우자와의 관계가 나빠지지는 않았나? 쌓아 둔 물건이 얼마나 많은 자리를 차지하는가? 어지러운 집

안 꼴이 창피해 집으로 초대하지 못하는 사람이 있는가?

이런 질문을 통해 자신이 현재 겪고 있는 물질적, 심리적 비용과 부담을 한번 따져 보자. 무엇이든 기록을 하면 더 정확하게 파악할 수 있다. 당신이 감당하는 부담과 비용도 기록하면 더 실감나게 느낄 수 있을 것이다. 전체적인 시간적 비용과 심리적인 고통을 글로 적어 보자. 아마 자신도 모르게 저절로 '세상에!'라는 탄식이 튀어나올 것이다. 그리고 앞으로 어떻게 살아야 할지 다시금 각오를 다지게 될 것이다.

과연 이대로 살아도 좋은가? 아니면 당장 변화가 필요한가? 물건을 위해 치르는 대가가 너무 크고 반드시 변화가 필요하다는 생각이 들면 내려놓기를 향해 에너지의 방향을 돌려야 한다. 결핍과 과잉의 양극단 사이에서 균형을 잡아야 한다. 그러기 위해서는 다시 한 번 스스로에게 질문을 던져야 한다. 나에게 적절한 소유는 어느 정도인가?

소유의 진자가 향해야 할 새로운 방향은 의식 있는 변화이다. 이를 위해선 무엇보다 호기심을 갖고 자신을 탐구할 필요가 있다. 그래야 내 삶에서 가장 중요한 것, 내게 기쁨을 주는 것이 무엇인지 알 수 있고 그것을 위해 정말로 필요한 것을 결정할 수 있다. 결정은 순간적으로 단번에 내려서는 안 되고, 시간이 가면서 조금씩 조금씩 자신을 알아가는 탐험 여행이어야 한다. 새로운 것을 시도해 보고 자신을 실험하며 결정해 나가야 한다. 갑작스러운 변화가 아니라 한 걸음 한 걸음 조금씩 나아가는 신중한 발걸음이어야 한다.

　행복을 위해 정확히 무엇이 얼마나 필요한지는 사람에 따라 다르다. 옳고 그름도 없다. 만인에게 동하는 행복의 법칙이란 없다. 소유의 진자가 어느 방향으로 어디까지 나아가는지도 사람마다 다 다르다. 내 욕망에 딱 맞는 폭의 진자가 가장 큰 행복을 줄 수 있을 테니 말이다.

　자신을 탐구하는 것과 더불어 구체적인 현실 진단도 빼놓을 수 없다. 갖고 있는 물건들을 모두 꺼내서 하나하나 쓰임새를 점검해 보는 것이다. 물건마다 이런 질문을 던져 보자. '지난 15년 동안 간직했던 이 천 조각을 나는 그동안 몇 번이나 사용했던가? 반드시 이 천 조각이 필요한 상황은 어떤 상황일까? 그런 상황이 닥쳤을 때 새것을 살 수는 없을까? 새로 사려면 시간과 돈은 얼마나 들까? 새것을 산다고 해서 큰 손해가 날까? 구체적으로 어떤 손해가 날까?'

　이런 질문을 던지며 쌓인 물건을 살피다 보면 대부분은 천 조각 하나 버리고 새로 산다고 해서 세상이 무너지지 않는다는 사실을 깨달을 것이다. 이런 질문을 통해 실제로 가치 있는 것과 그렇지 않은 것을 확실히 구분할 수 있게 된다.

　믿을 수 있는 친구에게 대신 질문을 던지고 분류 작업을 도와달라고 부탁해도 좋다. 친구는 나와 달리 물건에 대한 감정이 없기 때문에 객관적인 시각에서 판단을 내릴 수 있다.

　내려놓기는 정서적 차원에서도 이루어질 수 있다. 어린 시절 부

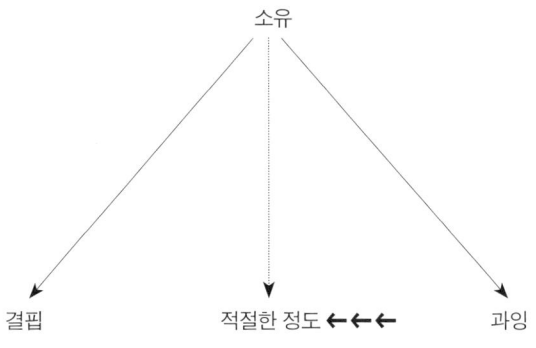

소유의 적절한 정도

모의 무관심과 냉대를 겪었던 사람들은 자신의 욕망을 깨닫지 못하고 설사 알아차린다 해도 욕망의 충족을 위해 힘쓰지 않는 경우가 많다. 늘 그런 취급을 받았으므로 자신마저 본인의 마음과 소망을 홀대하고 무시하는 것이다.

그러므로 정서적 차원의 내려놓기란 자기 자신을 존중하는 태도를 배우는 것이다. 하던 일을 멈추고 일부러 시간을 내서 자신의 마음과 감정을 가만히 들여다보는 것이다. 그래야 자신을 알 수 있고, 그에 맞게 행동할 수 있다. 너무 벅차다는 느낌이 들면 잠시 쉬어도 좋다.

자신을 존중한다는 것은 자기 자신을 따뜻한 시선으로 바라본다는 뜻이며 마음속 심판관을 잠시 쉬게 한다는 뜻이다. 또한 자신에게 중요한 것, 자신에게 유익한 것, 충만한 삶을 살기 위해 필요한 것이 무엇인지 깨닫는다. 이렇게 자신에게 깊은 관심을 가지다 보면 불현듯 깨닫게 된다. 행복한 삶을 사는 데 생각보다 그리 많은 물건이 필요치 않다는 것을.

실천 노트 | 매일 규칙적으로 조금씩 정리하기

정리 정돈의 가장 기본적인 원칙이 바로 '규칙적으로 조금씩'이다. 범위를 좁게 정해 오늘 그곳을 완전히 정리하는 것이다. 서랍장 한 칸, 책상 서랍 한 칸이어도 좋다. 중요한 것은 목표를 달성해 성취감을 맛보는 것이다. 처음부터 너무 욕심내서 범위를 넓게 잡으면 쉽게 의욕을 잃고 자신감이 떨어질 위험이 높다. 따라서 아주 가볍게 시작해야 한다. 시간은 최대 1시간이 좋다. 물건이나 추억에 빠져 시간 가는 줄 모를 수 있으므로 계획한 시간에 알람을 맞춰 둔다.

자, 그럼 시작해 보자. 먼저 큰 쓰레기통을 준비해 망가졌거나, 마음에 안 들거나, 오랫동안 사용하지 않은 물건을 넣는다. 이것들은 정리가 끝난 후 바로 버린다. 또 박스를 하나 준비해서 '버리기엔 아까운 물건'들을 넣는다. 나는 사용하지 않지만 모양도 예쁘고 기능도 정상이라 누군가 사용할 수 있는 물건들이 있을 것이다. 사놓고 사용 안 한 물건, 선물로 받았는데 마음에 안 드는 물건, 볼 때마다 기분이 안 좋아지는 물건 등이 해당된다.

서랍 한 칸을 목표로 정했다면 그 서랍을 통째로 빼라. 물건을 다 꺼낸 후 서랍을 깨끗하게 닦는다. 이제 물건을 하나씩 선별해서 다시 서랍에 집어넣는다. 당신이 자주 사용하는 물건은 무엇인가? 앞으로도 계속 사용하고 싶은 물건은? 당신의 마음에 꼭 드는 물건은? 쓰면 기분이 좋아지는 물건은? 이렇게 물건을 하나씩 점검해 서랍에 다시 넣을 것은 넣고 휴지통에 버릴 것은 미련 두지 말고 버린다. 정한 시간 내에 서랍 정리가 끝나면 잠시 휴식을 취하며 성취감을 맛보자. 정리된 장소를 사진으로 찍는 것도 좋은 방법이다. 정리 노트를 꺼내 오늘의 정리 일기를 쓴다.

쓸 만한 걸 버리자니
죄책감이 들어요

어떤 여성이 커다란 가방을 들고 벼룩시장을 찾았다. "이게 전부 다 커튼이에요. 엄청나죠? 올해만 벌써 두 번이나 리모델링을 했는데 할 때마다 커튼을 새로 바꿨거든요. 옛날 것을 다음 리모델링할 때 혹시 다시 달 수 있을까 싶어서 보관해 두었는데 어쩌다 보니 이렇게 많아졌어요. 하지만 솔직히 누가 옛날 커튼을 다시 달고 싶겠어요. 매일매일 새로운 제품이 나오는데다 취향도 자꾸 바뀌는 걸요. 그래도 천이 너무 아까워서 커튼으로 사용하지 못하면 옷이라도 만들까 싶어 계속 갖고 있었답니다. 그게 벌써 몇 년째예요. 청소할 때마다 커튼이 보이고 그럴 때마다 죄책감이 들었어요. 너무 아까운데 안 쓰고 장롱에 처박아 두다니……. 그래서 벼룩시장에 내놓기로 결심했어요. 이곳에 가져오면 혹시 필요로 하는 사람이 있을지도 모르잖아요."

현대사회의 소비 문화에 대한 문제 제기가 많다. 사실 따지고 보면 오늘날처럼 물건값이 쌌던 적이 없었다. 기업은 대량으로 물건을 찍어 내 싸게 팔고, 소비자는 부담 없이 소비하고 쉽게 버린다. 하지만 그렇게 값싼 물건을 만들다 보니 품질이 좋을 리 없고 하자가 없을 수 없다. 물건의 질이 한없이 떨어져 품질 보증 기간이 채 끝나기도 전에 망가지는 제품이 수두룩하다. 또 요즘엔 물건의 유행이 정말 자주 바뀐다. 기업들이 기능이나 스타일, 디자인을 조금씩 자주 변경해서 기존의 물건이 뭔가 구닥다리 같은 인상을 소비자에게 심어 주고, 소비자들로 하여금 물건을 새로 사고 싶어지게 하는 것이다. 이것을 전문 용어로 '고의적 진부화planned obsolescence'라고 부른다. 게다가 요즘엔 아예 수리가 불가능한 제품도 많다. 토스터의 케이스가 본체와 완전히 붙어 있어서 내부가 고장 나도 뜯어서 고칠 수 없다. 충전기와 일체형인 노트북은 충전기가 고장 나면 노트북을 통째로 버려야 한다. 제품의 일부가 고장 나도 통째로 버리고 새로 사야 하는 것이다.

하지만 내가 정리 컨설팅이나 벼룩시장에서 겪은 일들은 이런 사회 분위기와는 사뭇 다르다. 쓰지 않는 물건도 그냥 버리지 못하는 사람들을 수없이 만난다. 쓰지 않을 것을 알면서도 '버리기엔 너무 아깝다'는 이유만으로 몇 년씩 물건을 보관하는 사람들이 적지 않다. 이런 태도는 현대 소비 사회의 분위기와 정반대다. 많은 사람들이 디자인이 새롭고 기능이 향상된 새 물건을 사고 싶어 하면서도 옛날 물건을 아무런 고민 없이 선뜻 버리지는 못한다.

"제게 두툼한 울 스웨터가 한 벌 있는데 거의 안 입어요. 저는 얇은 옷을 여러 겹 껴입고 다니는 걸 좋아하거든요. 그런데 워낙 비싸고 질도 좋은 스웨터라 버리기 아까운 거예요. 입지는 않지만 버리자니 아깝고……. 어떻게 해야 할지 모르겠어요."

이러한 모순 탓에 쌓이게 된 물건이 얼마나 많은가?
 직접 가난을 경험하지 않고도 안 쓰는 물건을 버리지 못하는 사람들 가운데 상당수가 가난한 부모나 조부모 밑에서 근검절약 정신을 배운 사람들이다. 진정으로 버릴 것이 없었던 시절의 경험이 세대를 넘어 전달되는 것이다.
 게다가 요즘에는 자원의 유한성에 관심을 갖는 사람들도 많다. 산업화와 소비로 인한 환경 문제와 기후 온난화는 많은 사람들에게 '환경 양심'이라고 부를 수 있는 의식을 심어 주었다. 지구를 위해 무엇을 할 수 있을까 고민하는 사람들이 환경 운동에 참여하고 친환경적인 생활 방식을 유지하며 자원 보호에 힘쓴다. 그러나 좋은 뜻에서 한 행동도 지나치면 문제가 된다. 물건을 버리고 싶지 않은 마음이 지나치면 심한 경우 종류를 불문하고 물건을 버릴 때마다 양심의 가책을 느껴 아무것도 버릴 수 없는 지경이 된다.
 이러한 혼란을 겪는 사람들은 과연 어떻게 공간을 확보할 수 있을까? 딜레마의 해결 방법은 서로 모순되는 두 가지 욕망 속에서 자신에게 어떤 것이 더 중요한지 숙고하는 것이다. 환경 및 자원 보호가 우선이라고 생각하는 사람이 있는가 하면 그보다는 잘 정리된 깔끔한 집에서 한번 살아 보는 것이 소원인 사람도 있을 것이다. 물건이 계속 쌓이고 집이 지저분하다는 문제로 부부싸움이

실천 노트 | 정리 정돈 상태 점검하기

앞에서 배운 대로 시간과 장소를 정해 규칙적으로 정리 정돈 연습을 계속했다면 정리 정돈이 훨씬 수월해지고 습관처럼 일상의 한 부분이 되었을 것이다. 오늘은 정리를 시작하기에 앞서 그동안의 정리 정돈 상태를 잠시 점검해 보자. 자신에게 아래의 질문을 던져 보자.

- 정리하는 동안 어떤 점이 쉬웠고 어떤 점이 힘들었나?
- 청소한 범위가 자신에게 적당했는가?
   ➜ 범위를 너무 넓게 잡아서 정해진 시간 안에 다 끝내지 못한 적이 많은가? 그럼 오늘은 범위를 조금 줄여 보자.
   ➜ 반대로 늘 너무 빨리 끝나서 에너지가 남았다면 오늘은 범위를 조금 넓혀 보자.
- 쓰레기통의 크기는 충분한가? 더 큰 것이 필요한가?
- 정리를 방해하는 것은 없었나? 있었다면 방해 요인부터 제거하자. 휴대 전화를 끄거나, 정리하는 동안 가족들에게 방해받지 않도록 부탁하자. 언제 정리가 끝날지 미리 시간을 알려 주자.

점검한 내용을 바탕으로 새롭게 정리를 시작해 보자. 정리할 공간과 범위를 정하고 시간도 정한다. 필요하다면 알람을 맞추자. 큰 쓰레기통을 준비하고 '버리기엔 아까운 물건'을 담을 상자도 준비한다. 정리할 곳의 물건을 다 꺼내고 먼저 그곳을 깨끗하게 청소한 다음 남겨 둘 물건을 선별한다. 자주 사용하는 물건, 계속 사용하고 싶은 물건, 사용할 때 기분 좋은 물건은 무엇인가? 그런 물건은 다시 제자리에 넣는다. 나머지는 쓰레기통이나 상자에 담는다. 만족할 만큼 정리 정돈을 끝냈다면 성공적인 정리를 자축하며 휴식을 취한다.

잦은 경우 사고 싶은 물건을 다 사면서도 깔끔하게 정리할 수 있는 방법을 찾는 사람들도 있을 것이다. 그러나 분명한 것은 지금 이 순간 가장 중요하고 시급하다고 생각하는 것에 우선 순위를 둬야 한다는 점이다. 어쩌면 매번 다른 결론이 나올 수 있다. 상황에 따라, 시점에 따라 중요한 것이 변할 수 있기 때문이다. 하지만 그 덕분에 한 가지 원칙만 고집하는 고집불통의 태도를 버릴 수 있고 삶이 다시 강물처럼 자연스럽게 흐를 수 있다.

어느 정도까지 버려야 할지
모르겠어요

질서와 정리 정돈을 주제로 대화를 나누던 중 한 젊은이가 이런 말을 했다. "저는 뼛속까지 수집가라서 아무것도 못 버려요. 그렇지만 물건에 치여 힘들 때도 많답니다. 가끔은 우렁 각시가 몰래 집에 들어와 깨끗이 다 버려 주면 좋겠다는 생각이 들어요. 아침에 눈을 떴는데 물건이 싹 사라지는 거죠. 정말 꼭 필요한 물건 몇 개만 빼고요. 안 입는 낡은 옷가지, 들춰 보지도 않는 책들, 고장 난 공구들은 싹 사라지고 시원하게 넓은 방이 저를 반기는 겁니다. 우리 집은 정말 엉망진창이에요. 근검절약이 몸에 밴 부모님 영향도 큰 것 같아요. 어머니는 외할머니가 쓰시던 크고 무거운 빨래건조대를 물려받아 지금까지 간직하고 계세요. 제가 그것 좀 버리자고 하면 할머니 유품인데다 아무리 둘러봐도 이렇게 튼튼한 건조대는 없다며 절대로 안 버리세요. 아마 저한테도 물려주실 걸요?"

질서 의식은 다양한 방식으로 우리 삶을 관통하면서 우리의 생각과 감정, 행동에 영향을 미친다. 다들 그러한 경험이 있을 것이다. 시골에 사는 친구가 집에 와서 묵을 예정이라 며칠 전부터 대청소에 나선다. 옆집 아줌마가 지나가다가 초인종을 누르더니 커피 한잔 달라고 한 순간 손님이 와도 괜찮나 하는 생각이 머릿속을 스치고 지나간다. 아직 청소를 다 못해서 난감하다는 생각이 들지도 모른다. 길을 걸어가는데 앞서 걷던 사람이 초콜릿 껍질을 휙 던지고 간다. '아니, 무슨 저런 사람이 다 있어!' 순간적으로 화가 치밀면서 한마디 해야 하나 망설인다. 이 모든 상황은 우리의 질서 의식과 깊은 연관이 있다.

그런데 질서 의식은 우리가 사는 사회, 우리가 관계하는 사람들, 우리 가족의 질서 의식으로부터 영향을 받는다. 한 사회에서 통용되는 가치관은 다수의 규범과 규칙으로 표현된다. 이 규칙의 상당수는 성문화되지 않았지만 각 개인에게 성문법 못지않은 큰 효력을 발휘한다. 교육을 통해 아이들에게 사회가 인정하는 가치관과 규범 및 규칙들이 자연스럽게 전달되기 때문이다.

그래서 우리는 규칙의 존재를 의식하지 못하면서도 자기도 모르는 사이에 규칙을 지키기 위해 노력한다. 우리는 일상생활에서 어떤 행동은 해도 되고, 어떤 행동은 해서는 안 된다는 식으로 행동의 옳고 그름을 판단한다. 아이들은 어릴 때부터 부모와 주변 사람들의 가치관을 배운다. 바람직한 행동을 하면 상을 받고 그렇지 않으면 야단을 맞거나 벌을 받는 방식으로 사회의 가치관을 서서히 배워 가는 것이다.

　그런데 사회화 과정이 늘 순탄하게 진행되는 것은 아니다. 사회 규범과 아이의 욕망을 조화롭게 조율하지 못하는 부모들이 의외로 많다. 그래서 아이의 요구에 끌려다니거나 반대로 아이의 말을 완전히 무시하고 강압적인 방법으로 부모의 가치관을 강요하는 경우가 있다. 다른 아이들과 비교하거나 무시, 모욕하고 심지어 욕을 하거나 폭력을 사용하기도 한다. 부모가 확실한 가치관 없이 상황에 따라, 혹은 기분 내키는 대로 규칙을 바꾸면서 아이를 혼란에 빠뜨리는 경우도 있다.

　정리 정돈도 이런 질서 의식과 결코 무관하지 않다. 그런데 상담을 하다 보면 의외로 정리 정돈을 너무 비현실적으로 생각하는 사람들이 많다. 예를 들어 '잘 정리된 집'이라는 말에서 모든 물건이 제자리에 있고, 밖으로 나와 있는 물건이 하나도 없으며, 인테리어 소품이 예쁘게 걸려 있고, 집 안 구석구석 먼지 한 톨 없는 집을 상상한다. 하지만 그런 집은 없다. 생활이란 늘 먼지와 무질서를 동반하기 마련이다. 외출 후 집에 들어오면 먼지가 당연히 따라 들어온다. 음식을 먹으면 부스러기가 떨어지고, 아이들이 만들기 숙제를 하면 종잇조각들이 사방에 흩어지기 마련이다. 자신이 생각하는 이상적인 집과 현실의 간극이 크면 클수록 마음은 무거워지고 실패했다는 느낌도 커진다. 그러다 갑자기 이웃이 초인종이라도 누르면 '이 꼴을 보면 나를 어떻게 생각할까?' 하는 생각에 당황하여 어쩔 줄 몰라 한다.

> "어릴 때 명절은 정말 괴로운 날이었어요. 집 안 대청소를 했거든요. 며칠 동안 쓸고 닦고 음식을 만들고 나면 엄마가 너무 힘들어서 울기도 하셨어요. 지금 저는 그렇게 안 해요. 딸들이 반기를 들었거든요. 그래도 대청소를 안 하면 여전히 죄책감이 든답니다."

우리의 질서 의식은 대부분 어린 시절에 가족과 주변 사람들로부터 형성된다. 몇 가지 예를 들어 보자.

매우 엄격한 부모 밑에서 자란 아이들을 상상해 보자. 교육관도, 질서 의식도 매우 엄격해서 조금만 방이 어질러지면 크게 야단을 맞았고 잠시라도 멍한 표정으로 앉아 있으면 게으르다는 비난을 받았다. 이런 부정적인 평가가 아이의 자아 형성에도 당연히 큰 영향을 미쳤을 것이고, 그렇게 시간이 흐르다 보면 어느 순간 아이는 다음과 같은 결론에 이르게 될 것이다. '그래, 난 게으른 사람이야.'

반대로 질서 의식이라고는 찾아볼 수 없는 부모가 난장판으로 어질러 놓은 집에서 자란 아이를 상상해 보자. 아이는 질서가 무엇인지 머릿속으로 전혀 그릴 수 없다. 혹은 자신의 경험과 정반대의 것을 바라게 되어 성인이 되면 늘 텅 빈 공간에 대한 갈망을 품게 된다. 물론 경험이 없기 때문에 어떻게 해야 하는지 방법은 모른다.

집을 사회적 신분의 상징으로 여기는 가정에서 자란 아이를 상

"우리 언니는 성격이 워낙 깔끔해서 하루 종일 걸레를 손에 들고 있어요. 그런데 아이들과는 절대 안 놀아 주더라고요. 저는 청소보다 아이들과 놀아 주는 게 더 중요하다고 생각해요. 하지만 엄마는 늘 언니 편이에요. 우리 집이 더럽다고 야단만 치시죠."

상해 보자. 이러한 가정에서는 특정한 물건의 소유와 과시가 곧 사회적 지위를 의미했다. 아이는 어른이 되어서도 집과 소유한 물건들을 사회적 인정이나 성공과 결부시켜 생각하게 된다.

어린 시절의 환경과 경험은 부모가 돌아가신 후에도 여전히 막강한 힘을 발휘한다. 부모의 교육을 통해 그것이 우리의 생각과 행동을 좌우하는 가치관으로 굳어졌기 때문이다. 따라서 '질서 있는 집'을 꿈꾸며 집을 정리 정돈하려 한다면 그 전에 잠시 자신의 질서 의식은 어디에서 연유한 것인지 점검하는 과정이 필요하다.

어떤 여성은 정리 정돈을 시작하기 전에 자기가 가진 물건의 80퍼센트가 쓸데없다고 말했다. 자신이 원하는 집은 물건이 거의 없는 텅 빈 집이라고 말이다. 그러나 막상 본격적인 몇 차례의 상담 후 이렇게 말했다. "솔직히 텅 빈 집에선 마음이 안 편할 것 같아요. 그래도 물건이 좀 있어야지 너무 깨끗하면 사람 사는 집 같지가 않잖아요. 그런데 어느 정도의 물건이 적당한지를 모르겠어요. 제가 마음 편하게 살 수 있는 수준은 어느 정도일까요?"

자신에게 적당한 질서의 정도를 찾기 위해서는 학습된 질서 의식을 훌훌 털어 버리고 자신에게 이렇게 물어야 한다. '지금의 내게 필요한 것이 무엇일까? 우리 집에 필요한 것이 무엇일까? 물건이 얼마나 쌓여 있을 때 스트레스와 불쾌감을 유발하는가?'

나아가 자신의 평가 기준도 점검해 봐야 한다. 너무 엄격한 질서 의식은 문제가 될 수 있다는 사실을 깨달아야 한다. 먼지 한 톨 없는 완벽하게 깨끗한 집을 유지해야 한다면 그 집에서는 사람이 살 수 없다.

'게으름'에 대한 생각도 다시 한번 점검해 볼 필요가 있다. 오늘날과 같은 성과주의 사회는 '게으름은 곧 시간 낭비이며 허송세월'이라고 주장한다. 그러나 게으름은 긴장을 풀고 여유를 즐기고 싶은 인간의 자연스러운 욕망이다. 행복한 삶을 살기 위해선 꼭 필요한 것이다.

물론 세상만사가 다 그렇듯 게으름도 과하면 병이 된다. 자신은

실천 노트 | 나만의 질서 기준 찾기

자신을 탐구해 보자. 내가 생각하는 '질서'란 어떤 것인가? 집이 어떤 상태일 때 정리 정돈이 잘되었다고 느끼는가? 밖으로 나와 있는 물건이 어느 정도여야 하는가? 빈 공간은 어느 정도이며 장식품은 얼마나 있어야 하는가? 청소는 얼마나 자주 하는가?

노트를 꺼내 적어 보자. 정리 정돈이 잘 되었다고 생각하는 집에서 당신은 어떤 기분이 드는가? 정말로 편안한가? 그저 그런가? 아니면 마음이 편치 않은가?

정말 편하다는 답이 아니라면 당신이 생각하는 정리 정돈의 기준을 바꿀 필요가 있지 않을까? 당신이 생각하는 적당한 질서는 어느 정도인가?

물론이고 배우자, 자녀, 주변 사람들에게까지 피해를 줄 수 있다. 그러나 달리던 걸음을 잠시만 멈추어도, 열심히 움직이던 손을 약간만 멈칫해도 게으르고 나태한 인간으로 낙인찍는 것은 잘못된 것이다. '멍하게 있는 아이가 창의력이 더 뛰어나다'는 이야기도 있지 않던가. 빈둥거릴 수 있는 여유가 있어야 적극적인 활동에서도 큰 성과를 거둘 수 있다.

완벽하게 정리해야 하는데
엄두가 안 나요

벼룩시장에 한 남자가 커다란 박스를 들고 왔다. 상자 안에는 수영장에서 쓰는 오리발부터 카메라, 구두까지 별의별 물건이 다 들어 있었다. "집을 리모델링하려고 보니 물건이 많아도 너무 많은 거예요. 하지만 저는 정리를 잘 못해요. 무슨 일이든 일단 시작하면 완벽해야 하거든요. 물건 하나하나 모두 다 뜯어 보면서 필요한지 아닌지를 고민하다 보면 금방 지쳐 버리죠. 한번은 창고에 상자가 있어서 열어 보니 종이가 한가득 들어 있더라고요. 몇 년 동안 방치했던 거라 그냥 버려도 될 텐데 그걸 또다시 전부 다 읽고 분류하느라 정말 힘들었어요. 매사가 그런 식이에요. 이 상자 하나 추리는 데도 정말 고생했어요. 이게 바로 저의 문제입니다. 정리 정돈을 시작하면 한도 끝도 없어요. 그런데 사실 그렇게까지 할 시간이 없잖아요. 그래서 아예 시작도 못하고 자꾸 내일 해야지 모레 해야지 미루게 돼요."

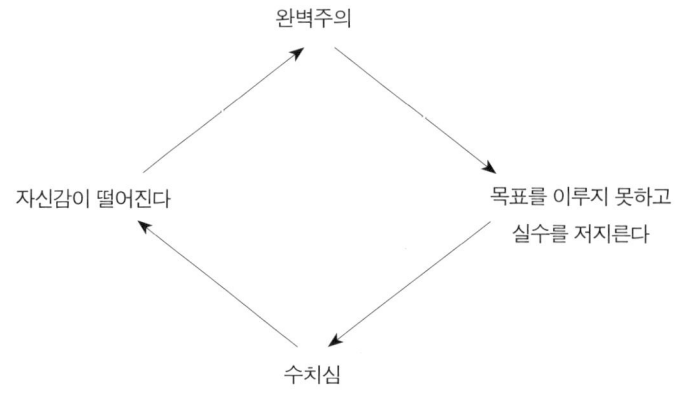

완벽주의와 수치심의 악순환

    상담 경험으로 볼 때 물건에 지나치게 집착하는 사람들 중에는 완벽주의자가 적지 않다. 완벽주의는 정리 정돈을 방해하는 강력한 적이다. 의욕을 갖고 정리 작업을 시작하지만 서랍 하나도 채 끝내지 못하고 포기하게 만든다. 사소한 기록 하나도 다 읽고 평가해야 하며, 물건마다 훑어보며 버려야 할지 말지 고민하고 또 고민한다. 당연히 시간도 많이 걸리고 에너지 소모도 엄청나다. 결국 얼마 못하고 지쳐 떨어진다. 지극히 소소한 일도 몹시 고단한 노동이 된다.

    완벽주의자들은 목표를 너무 높게 정한다. 현실적으로 도저히 불가능한 목표를 세우기 때문에 의도하지 않았지만 결국 실패를 되풀이하는 결과를 초래한다. 능력이 없어서가 아니라 비현실적인 목표 때문에 실패하는 것이다.

"시간이 항상 모자라요. 뭐든 시작하면 끝을 보는 성격이라서 목표한 것 이상으로 몰두하게 되거든요."

과도한 완벽주의는 흔히 수치심을 동반한다. 한 여성이 상담 시간에 이런 이야기를 털어놓았다. "저는 제가 하는 일들을 완벽하게 해내고 싶어요. 그래서 목표를 이루지 못하거나 실수를 하면 수치심을 느껴요. 자신감도 떨어지고요. 제 자신이 한심하고 초라해 보이고 무능한 것 같아요. 그런 기분이 싫어서 안간힘을 다하는데 그게 또 부담이 되어서 완벽주의 성향을 부추기는 것 같아요. 하지만 저도 인간이다 보니 실수하게 되고 그럼 여지없이 자신감이 곤두박질친답니다."

이렇듯 완벽주의는 악순환을 낳아 자신감을 떨어뜨린다. 실수할 때마다 수치심이 들고, 그로 인해 자신의 한계를 마음 편하게 인정하지 못한다. 그래서 실수를 숨기려고 애쓰고 심할 경우 마치 이중생활을 하는 듯한 불쾌감에 사로잡힌다. 남들 앞에서는 완벽하고 멋진 모습을 보이지만 정작 남이 안 보는 곳에서는 혼자 마음을 끓이며 수치심에 몸을 떠는 것이다.

만일 자신에게서 과도한 완벽주의가 자주 감지된다면 훈련을 통해 단계적으로 줄여 나가거나 없애야 한다. 훈련의 시작은 자신을 관찰하며 완벽주의로 인해 마음속에서 어떤 감정이 생기는지를 알아차리는 것이다. 감정은 우리 마음이 보내는 신호다. 그 신호를 깨달으면 자신에 대해서도 많은 것을 알 수 있다.

그다음으로 지금과는 반대로 해보는 것이다. 즉, 목표를 낮추거나 실천 가능한 수준으로 바꾼다. 또는 일부러 대충 일을 처리한다. 그럼 어떤 일이 일어날까? 당신의 기분이 어떻게 바뀔까?

이 과정을 몇 차례 반복한다. 일단 한 번이라도 완벽주의를 내려놓고 낮은 목표를 완수했다면 시간과 에너지가 얼마나 절약되는지 절감할 수 있을 것이다. 또한 목표를 이루어 기쁘고 흡족할 것이다. 이런 경험이 서서히 쌓이면 무슨 일이든 예전보다 수월하게 처리할 수 있다.

평가의 기준을 낮추는 것도 매우 유익하다. 특히 자신의 실수를 평가하는 기준을 낮춰야 한다. 완벽주의자들은 흔히 남의 실수에는 관대하면서 자신의 실수에는 가혹하다. 남의 실수는 쉽게 용서하면서 자신의 실수는 절대 용서하려고 하지 않는다. 아무리 목표를 낮춰 잡아도 실수는 할 수 있다. 우리는 신이 아닌 인간이고, 인간은 실수할 수밖에 없는 존재이다. 그 사실을 인정해야 한다. 그리고 자신에게 관대해져야 한다. 실수를 하더라도 자신을 용서할 줄 알아야 한다.

'파란 코끼리를 생각하지 마!'라는 말을 들으면 우리는 자동으로 파란 코끼리를 떠올린다. '생각하면 안 된다'는 생각은 파란 코끼리를 떠올린 다음에야 드는 생각이다. 실수하지 않으려고 애를 쓰면 쓸수록 자꾸 실수를 저지르게 된다. 실수하면 안 된다는 생각을 하면서 자꾸만 실수를 떠올리게 되기 때문이다. 일을 해보기도 전에 실수할지도 모른다는 걱정을 하게 되고, 나쁜 결과를 마음속으로 그리게 된다. 하지만 찬찬히 그 마음을 들여다보면 그토록 걱정하던 실수가 사실은 별것 아님을 금방 깨닫게 될 것이다.

실수는 성장하기 위해 반드시 치러야 하는 통과의례이다. 실수를 해야 자신의 문제점을 되짚어 보고 새로운 해결 방안을 모색할 수 있다. 실수는 평생 우리와 함께해야 할 배움의 과정인 것이다.

실천 노트 | 완벽주의 성향 테스트

당신의 완벽주의는 어느 정도일까? 1점(매우 낮다)에서 10점(매우 높다)까지 점수를 매겨 보자. 당신의 완벽주의는 몇 점인가?

상황에 따라 차이가 있는가? 예를 들어 일은 완벽하게 하는데 취미 활동은 그렇지 않다거나, 청소는 완벽하게 하면서 요리는 대충대충 할 수 있다. 집안일을 할 때는 얼마나 완벽을 기하는가? 친구를 만날 때는 얼마나 꼼꼼하게 준비하는가?

완벽주의가 특히 심한 분야를 골라 보자. 이 분야에서 걱정되는 점이 정확히 무엇인가? 실수로 일어날 수 있는 최악의 사태는 무엇인가? 그런 일이 일어나면 어떻게 할 수 있을까? 실수를 통해 어떤 교훈을 얻을 수 있을까?

소중한 물건이라
차마 버릴 수가 없어요

한 할아버지가 몇 주에 걸쳐 벼룩시장에 문턱이 닳도록 찾아오셨다. 집을 줄여 이사를 갈 예정이라며 이런저런 물건을 갖고 오셔서 물건에 얽힌 추억담을 들려주셨다. 하루는 정말 특별한 걸 가져오셨다며 신문지로 정성스럽게 싼 액자를 건네셨다. 풀어보니 풍경과 동물을 그린 유화 열 점이었다. 액자도 맞춤 제작했는지 그림과 썩 잘 어울렸다. 알고 보니 그 그림들은 할아버지의 보물이었다. "예전에 내가 동독에 살 때 화가였거든요. 그래서 동료 화가들과 함께 동구권 국가들을 자주 찾았답니다. 동구권 국가 화가들이 우리를 찾아오기도 했고요. 자연스럽게 서로 그림을 선물로 주고받았죠. 이 그림들은 체코 화가들에게 받은 거예요. 하지만 안타깝게도 이사 갈 집에는 그림을 걸 만한 공간이 없어요. 그렇다고 버릴 수는 없고……. 여기서 새 주인을 만날 수 있지 않을까 해서 들고 왔어요."

잠시 후 한 젊은이가 그림들을 보더니 몹시 마음에 들어하며 두 점을 골라 들고 갔다. 다음 주에 할아버지께 그 이야기를 들려드렸더니 그림이 새 주인을 만났다며 몹시 기뻐하셨다.

사람들이 생각하는 '물건의 가치'는 사람마다 모두 다르다. 가격과는 별개로 그 물건에 대한 개인의 주관적 평가가 따르기 때문이다. '저한테는 정말 소중해요' '무엇과도 비교할 수 없는 물건이에요'라고 말하는 사람들의 모습에서 볼 수 있듯 물건의 가치는 우리의 생각과 경험, 심리적 상태, 나이와 성별 등 다양한 것들에 의해 좌우된다.

정리 정돈은 물건의 가치와도 아주 깊은 관련이 있다. 벼룩시장을 하다 보면 물건의 가치를 두고 고민하는 상황을 자주 접하게 된다. 사람들이 이곳에 들고 오는 물건들은 집에서는 정리했지만 버리기엔 너무 아까워 다른 사람에게 주려고 가져온 것들이다. 자신은 더 이상 사용하지 않는 물건이지만 다른 이에게 줌으로써 물건에 새로운 가치를 부여하는 것이다. 물건들은 벼룩시장에서 새 주인을 찾는다. 구석에 놓여 먼지만 뒤집어쓰고 있던 물건들이 다시 제 기능과 역할을 되찾는 것이다.

물건은 수북이 쌓여 있으면 '가치'를 잃고 만다. 절판된 책, 고장 난 악기는 제아무리 멋진 추억을 담고 있어도 지금의 내겐 아무런 기쁨도 주지 못한다. 먼지를 뒤집어쓴 채 공간만 차지하는 애물단지, 고물일 뿐이다. 책은 독자를 즐겁게 하기 위해 만들어지며 악

"이 옷은 오래전에 파리에서 산 거예요. 당시에 어머어마하게 비쌌죠. 그런데 딱 한 번밖에 안 입고 여태 옷장에 걸어 뒀지 뭐예요. 버리기엔 너무 아깝잖아요. 비싼 건데……."

기는 음악을 연주하기 위해 제작된 것이다.

 정리 정돈은 가치를 잃은 물건에 다시 제 가치를 되찾아 준다는 의미이다. 기쁨과 행복을 주었던 물건들이 제자리를 찾아 다시 우리의 일상을 아름답게 만들 수 있게 사용되는 것이며, 물건을 나눠 타인에게 기쁨을 주는 것이다.

 물건에 얽힌 사연과 사람, 기억을 잊기 위해 벼룩시장을 찾는 사람들도 많다. 물건을 벼룩시장에 내놓으면서 그 물건에 얽힌 온갖 사연들도 떠나 보내는 것이다.

 자신이 소중하게 아끼던 물건일수록 좋은 새 주인을 만나 다시 잘 쓰이기를 바라는 소망도 크다. 그래서 물건을 받은 사람보다 물건을 준 사람이 더 행복해하고 기뻐한다. 새 주인이 물건을 선택한 것은 원래 주인이 마음 편히 그 물건과 작별할 수 있도록 도움의 손길을 내밀어 준 것이기 때문이다.

 또한 익명으로 물건을 나누는 것보다 우리 벼룩시장에 물건을 줄 수 있어서 다행이라는 사람들도 많다. 벼룩시장에서는 아끼던 물건이 새 주인을 만나 다시 소중한 대접을 받는 모습까지 직접 눈으로 확인할 수 있기 때문이다.

많은 사람들이 한때는 더없이 아꼈지만 이제는 인연을 다한 물건을 들고 와 그 물건에 얽힌 사연을 들려준다. 어떤 땐 그 사람이 물건과 작별을 결심하기까지 얼마나 힘든 시간을 보냈는지 느껴진다. 더불어 마침내 작별을 고하는 순간의 개운함과 안도감도 함께 느낄 수 있다.

실천 노트 | 물건 없이 추억을 간직하는 방법

사연이 담긴 물건을 하나 고른다. 그 물건을 손에 들고 잠시 추억에 잠긴다. 어떤 일이 떠오르는가? 그 추억을 생각하면 어떤 기분이 드는가? 선택한 물건의 가치도 따져 보자.

물건을 보관하는 것 말고 추억을 간직할 다른 방법은 없을까 생각해 본다. 어떤 상황에서 당신은 그 사람이나 그 사건을 떠올리는가? 물건이 없어도 마음에 간직했다 언제든 떠올릴 수 있는 추억에는 어떤 것들이 있는지 정리 노트에 모두 적어 보자.

선물 받은 것을
어떻게 버려요?

한 여성이 요리책을 들고 왔다. 친구에게 생일 선물로 받은 책이라고 했다. "친구한테 제빵 책을 선물 받고 싶다고 했어요. 한쪽 면에 사진이, 그 옆에 레시피가 있는 누구나 따라할 수 있는 간단하고 쉬운 책으로요. 그런데 어이없게도 이 책을 선물 받은 거예요. 온갖 종류의 케이크를 만드는 책인데 어찌나 복잡한지 저는 절대로 따라할 수 없어요. 무슨 선물을 받고 싶냐고 물어서 제빵 책을 갖고 싶다고 했는데 케이크 요리책을 선물해 준 거예요. 아무리 들여다봐도 무슨 소리인지 모르겠고 집에서는 절대 따라할 수도 없어요. 어찌나 짜증이 나던지 책장에 꽂아 놓고 한 번도 안 펼쳐 봤죠. 선물 받은 거라 버릴 수도 없잖아요. 그런데 볼 때마다 짜증이 나서 괴로워요. 도저히 안 되겠다 싶어 가져 왔답니다."

이처럼 사랑하는 사람에게 받은 선물이 마음에 들지 않으면 어떻게 해야 할까? '선물 받은 것을 어떻게 버려?'라는 생각에 아마 대부분의 사람들이 동의할 것이다. 마음에 안 드는 선물은 어떻게 해야 좋을까? 이 질문에 대답하기 전에 잠시 선물에 대해 생각해 보자.

선물이 아름다운 이유는 두 가지이다. 첫째는 선물을 마련하는 데 들인 시간과 에너지, 사랑 때문이다. 그래서 부모님들은 자녀가 용돈을 아껴서 산 선물보다 손수 그린 그림 선물을 더 좋아한다. 무엇을 주면 상대가 좋아할까 고민하며 선물을 고르고 장만하고 포장하는 데 들인 시간과 정성이 소중한 것이다.

둘째는 선물하는 행위 그 자체의 아름다움 때문이다. 선물은 그것을 통해 상대에게 기쁨을 준다는 사실 그 자체만으로도 상대에 대한 애정을 표현하는 값진 수단이 된다.

이 두 번째 요인은 선물이 상대의 취향에 맞는지 여부와 관계없이 존재한다. 아무 조건 없이 마음에서 우러나온 선물이라면 나는 그 선물은 '진짜 선물'이라고 생각한다. 그리고 선물을 건네는 순간 선물의 주인은 받은 사람이 된다. 다시 말해 상대는 선물이 자기 취향에 맞는지 판단할 자유가 있고 원하는 대로 처리할 자유가 있다. 억지로 마음에 드는 척하지 않고 마음에 안 들면 선물 받은 물건을 정말 필요로 하는 사람에게 줄 수 있는 자유가 있는 것이다. 이것 역시 선물에 대한 존중이다.

따라서 정리 정돈을 할 때는 선물을 내 마음대로 처리할 수 있

"우리 집에는 없는 게 없습니다. 필요할 때마다 제가 바로바로 사거든요. 그래서 생일 때마다 받는 선물이 참 곤욕이에요. 나중에 선물해 준 친구가 물어볼지도 몰라서 버리지는 못하겠고……. 제발 선물 좀 안 해줬으면 좋겠어요."

는 자유도 잊지 말고 적극적으로 실천해야 한다. 선물에 대해 자신에게 정직해야 하며, 다른 사람 앞에서도 거짓을 보이지 말아야 한다. 정리 정돈은 어떤 선물이 정말로 마음에 드는지, 어떤 선물이 행복을 주는지, 어떤 선물을 사용하고 싶은지 점검할 기회이다. 어떤 선물이건 애정을 표현한다는 원래의 목적은 이미 달성했으니 마음에 들지 않는다면 편하게 정리해도 된다. 보관해 봤자 기쁨이 아닌 괴로운 의무감만 더해질 뿐이다. 그것은 선물한 사람이 전달하고 싶었던 기분과 정반대되는 기분이 아닌가? 그러므로 선물해 준 사람에게 마음으로 감사의 인사를 전하고 선물과 그만 작별을 고하는 것이 진정으로 선물을 존중하는 방식이다.

나는 의도와 조건이 따라붙는 선물, 혹은 자기 좋으라고 하는 선물은 '잘못된 선물'이라고 생각한다. 정리 정돈의 한 방법으로 '나눔함'을 마련한 사람이라면 역시 한 번쯤 짚고 넘어가야 한다.

앞서 말했듯 물건을 버리지 못하는 사람들은 '버리기엔 아깝다'는 생각을 많이 한다. 이런 생각이 너무 뿌리 깊게 자리 잡아 가치

"반짝이를 유독 좋아하는 친구가 있어요. 그 친구가 자기랑 똑같은 것을 자꾸 사주는 바람에 반짝이 장신구에 반짝이 옷, 반짝이 신발까지 제 물건도 온통 반짝이랍니다. 그런데 사실 반짝이는 제 취향이 아니거든요. 언제 한번 날을 잡아서 그만 사달라고 말을 해야 할 텐데 통 입이 안 떨어져요."

있는 것과 그렇지 않은 것을 구분해 낼 수 없다. 또 대부분의 사람들은 이웃, 친구, 동료가 무엇을 소중하게 생각하는지 잘 모른다.

정리 정돈을 하면서 나눔함을 마련했다면 문제는 이 물건들에 어떻게 새 주인을 찾아 줄지도 함께 고민해야 한다. 의무감 때문이 아니라 자발적으로 물건을 즐겁게 써줄 사람을 어떻게 찾을 수 있을까? 당신의 물건이 동생이나 친구의 애물단지가 되지 않으려면 어떻게 해야 할까? 내 양심의 가책을 덜자고, 내 손으로 쓰레기통에 넣지 않기 위해 타인에게 선물한다면 그것은 정말 '잘못된 선물'이다.

어떻게 하면 타인에게 부담을 주지 않고 선물이라는 형식을 통해 정리 정돈을 할 수 있을까? 집 현관에 나눔함을 놓아두는 것도 한 가지 방법이다. 박스에 물건을 넣고 다음과 같은 쪽지를 붙여두는 것이다. '마음에 드는 물건, 필요한 물건은 가져가세요. 선물입니다.' 그리고 부담 주시 않고 사람들이 알아서 골라 가도록 한다. 한 달이 지나도 아무도 가져가지 않는 물건은 다시 수거해 쓰레기통에 버린다.

실제로 여러 가구가 사는 도시 주택에는 계단에 이런 나눔함을 놓아두는 곳이 많다. 상대에게 부담을 주지 않고 안 쓰는 물건을 나눌 수 있는 꽤나 멋진 아이디어다.

하지만 주의해야 할 점이 있다. 나눔함에는 상태가 좋은 물건만 골라서 넣어야 하며 정기적으로 비워야 한다. 비우지 않으면 나눔함은 쓰레기통이 되기 십상이다. 일정한 기간이 지나도 물건이 그대로 남아 있을 땐 물건의 주인이 알아서 버려야 한다.

친구나 지인들을 상대로 물건 나눔 파티를 여는 것도 좋은 방법이다. 약간의 다과를 곁들이면 재미도 있고 뜻깊은 시간을 가질 수 있다. 그 밖에도 물건을 서로 바꾸고 나눠 쓸 수 있는 창구는 다양하다. 온라인 오프라인을 가리지 않고 다양한 방법이 있으니 관심을 갖고 찾아보자.

실천 노트 | 선물과 작별하는 방법

잠시 짬을 내 평소 집에서 가장 좋아하는 곳에 앉아 주위를 둘러본다. 사랑하는 사람에게 받은 선물이지만 마음에 들지 않는 것이 있는가? 어떤 것인가? 몇 개나 되는가? 그중 하나를 골라 손에 쥔다. 얼마 만큼의 감정적인 무게가 느껴지는가?

선물과 작별을 고해 당신의 삶에서 그만큼의 무게를 덜고 싶다면 마음속으로 선물해 준 사람에게 감사의 뜻을 전하자. 앞서 소개한 여성처럼 혹시 선물을 받고 화가 났다면 선물한 사람의 무심함을 용서하자. 그리고 이 선물과 무관하게 유지되는 그 사람과의 관계를 생각해 본다.

그다음엔 즉각 그 물건을 나눔함에 넣거나 쓰레기통에 넣는다. 선물이 놓여 있던 자리의 빈 공간과 선물을 버림으로써 가벼워진 마음을 즐겨 보자.

앞으로는 생일이 오기 전에 친구나 가족들에게 받고 싶은 선물을 먼저 이야기하자. 무엇이 좋고 무엇이 싫은지 분명하게 이야기하자. 시간을 함께 하는 것도 사실은 물건보다 더 의미 있는 선물이다. 물건을 선물하는 대신 영화 한 편을 함께 보는 것은 어떨까?

당신이 선물할 때도 마찬가지다. 선물 받을 사람에게 원하는 것이 있는지 정확하게 물어보자. 물건 대신 소중한 시간을 선물하는 것은 어떨까? 함께 하는 시간만큼 우정을 자라게 하는 양분도 없을 테니까.

· 2장 ·

정리를 위한 준비

물건이 쌓이는 이유를 추적하다 보면 과도하게 쌓아 둔 물건과 무질서한 집은 우리 마음속 더 깊은 곳에 원인이 있다는 사실을 깨닫게 된다. 2장에서는 집착과 내려놓기의 심리적 측면을 살펴볼 것이다. 그 과정에서 어떤 근원적인 능력이 우리를 도와줄 수 있는지 알 수 있을 것이다. 그 능력을 키우면 아마 내려놓기도, 정리 정돈도 훨씬 수월해질 것이다.

정리의 목표를
구체화한다

벼룩시장에 자주 들르던 한 여성이 다시 그림을 그리고 싶다는 이야기를 했다. "예전에 몇 년 동안 그림을 그린 적이 있어요. 몇 점 팔기도 했고요. 벌써 한참 전 이야기네요. 지금은 도저히 그럴 여유가 없어요. 집에 공간도 없고요. 이젤을 펼치려면 청소를 해야 하는데 엄두가 안 난답니다. 그림을 그리고 싶은 마음이 생기다가도 청소할 생각을 하면 막막해서 그냥 접고 말죠. 사실은 우리 집 거실에 남쪽으로 난 창문이 하나 있어요. 그곳이 그림 그리기 정말 좋은 장소거든요. 하지만 창가에도 상자가 가득 쌓여 있어요. 상자들을 옮길 만한 곳도 없어 지금껏 그림을 못 그리고 있답니다."

"가끔씩 큰 컨테이너를 장만해서 물건을 몽땅 넣어 버리고 싶은 마음이 울컥 치밀어요. 버리고 싶은 물건이 정말 너무 많거든요. 가구도 마음에 안 든 지 오래됐어요. 다 버리고 싶어요."

정리의 목표를 구체화하면 정리 정돈도 훨씬 수월하다. 나는 왜 정리를 시작했을까? 나는 무엇을 원하는가?

상담을 시작할 때마다 나는 상담자에게 가지고 있는 물건을 얼마나 버리고 싶은지 질문을 던진다. 대다수가 정말 높은 비율을 이야기한다. 소유한 물건의 80퍼센트를 버리고 싶다거나 심지어 전부 다 버리고 싶다고 말하는 사람도 있다. 내가 이와 같은 질문을 던지는 이유는 말한 만큼 실천하는지 따져 보기 위해서가 아니다. 그 질문에 대한 대답이 상담자의 현재 심정, 부담을 털고 싶은 열망을 반영하기 때문이다.

실제로 상담을 계속 진행하다 보면 사람들이 원하는 것은 꼭 필요한 것만 남은 거의 텅 빈 집이 아니라는 사실을 알 수 있다. 사람들 역시 많은 물건을 갖고 싶지만 동시에 편안한 집에서 살고 싶은 것이다. 따라서 상담은 자신에게 어느 정도 수준의 질서와 여백이 적당한지 찾아 가는 과정이다. 어느 정도부터 부담으로 다가오는지, 자신만의 한계를 알아 가는 과정이다.

사람들이 정말로 원하는 것은 무엇일까? 나는 상담할 때마다 사람들에게 정말로 원하는 것이 무엇인지 묻는다. "자, 그럼 너무 많다고 느껴지는 물건들을 싹 다 치웠다고 상상해 봅시다. 이제 무엇이 달라졌나요?" 이 질문의 목적은 정리를 결심하게 된 동기를 의식으로 불러내기 위함이다. 이 질문이 '숨은 소망'을 마음 깊숙한 곳에서 끌어올려 보여 주기 때문이다.

"이제 무엇이 달라졌나요?"라는 질문을 받으면 대부분의 사람들은 서둘러 한두 가지 대답을 내놓는다. 예를 들어 공간이 넓어져서 좋다는 대답, 물건을 빨리 찾을 수 있어 좋다는 대답 등이다. 그러고 나면 말문이 막힌다. 그러나 잠시 시간이 흐르면 예전에는 미처 깨닫지 못했던 이런저런 바람이나 장면, 이미지들이 조금씩 떠오른다. 물질적 차원과는 다른, 삶의 질적인 부분에 해당하는 바람들이다. 예를 들어 조금 더 여유가 있으면 좋겠다거나 자신에게 더 많은 시간을 투자하고 싶은 바람 같은 것들이다.

인간관계에 더 집중하고 싶다는 사람들도 많다. 집이 좀 깨끗하면 친구들을 초대해 맛있는 음식도 해먹고 재미있는 시간을 보낼 텐데 집이 너무 엉망이어서 친구들을 초대할 수 없었다고 말한다. 어지러운 집 안 꼴과 정리 정돈을 못하는 자신의 무능력이 부끄러운 것이다.

그동안 숨겨 왔던 재능을 이제라도 마음껏 발산하고 싶다는 사람들도 있다. 악기를 배우고 싶다는 사람, 글을 쓰고 싶다는 사람도 있고 직업을 바꾸고 싶다는 사람도 있다. 그림을 그리고 싶지만 시간과 공간이 없어 망설이는 사람도 있다. 쌓여 있는 물건들이 에너지를 빼앗아 가 소망을 이루거나 잠재력을 펼칠 수 없게

막기 때문이다. 그래서 쌓인 물건에서 벗어났다는 상상만으로도 많은 사람들이 안도감을 느끼고 새로운 아이디어가 들어올 수 있는 마음속 공간을 마련할 수 있다.

"이제 무엇이 달라졌나요?"라는 질문은 지극히 개인적인 삶의 질을 건드린다. '나는 어떻게 살고 싶은가?' '내 삶을 살 만하게 만드는 것은 무엇인가?' '무엇이 내게 기쁨을 주는가?' '언제, 무엇을 할 때 나는 예상치 못한 힘을 발휘하는가?' 이런 질문들이 정리 정돈의 전 과정에 걸쳐 중요한 실마리가 되어 줄 것이다.

이 질문에 정답은 없다. 사람마다 선호하는 것, 재능과 능력이 다르기에 대답도 사람마다 다 다를 것이다.

실천 노트 | 정리의 목표 구체화하기

먼저 물건이 '너무 많다'는 생각을 점검해 보자. 방, 거실, 베란다, 욕실, 수납장과 다용도실까지 집 안을 쭉 훑어본다. 물건이 얼마나 많은가? 쓸데없다고 생각되는 물건은 전체의 몇 퍼센트인가? 버리고 싶은 물건은 몇 퍼센트인가? 정리 노트에 적는다.

이제 버리고 싶은 모든 물건을 다 버렸다고 상상한다. 정말 원하는 대로 싹 다 버렸다. 이제 무엇이 달라졌는가?

생각나는 것을 정리 노트에 기록한다. 기분이 어떤가? 무엇이 변했나? 공간이 넓어지니 무슨 일이 일어나는가? 이 빈 공간을 그대로 둘 것인가, 아니면 다른 것으로 채울 것인가? 채울 것이라면 무엇으로 채울 것인가?

'이제 무엇이 달라졌는가'라는 질문은 의도적으로 현재형을 썼다. 이미 상황이 달라졌다고 상상하는 것이다. 정리 정돈이 끝나고 달라진 것을 모두 적어 리스트를 만들고 그것을 고이 간직한다. 나중에 또 생각나면 언제든지 꺼내서 기록한다.

구분하고
결정한다

벼룩시장 일을 도와주던 할머니 한 분이 자신의 주말 계획을 들려주셨다. "오늘 오후에 이웃집 할머니 장을 봐줘야 해요. 잘 걷지 못해서 내가 며칠에 한 번씩 장을 봐주거든. 내일은 손자 둘을 봐줘야 해요. 예쁘긴 한데 어찌나 별난지 하루 종일 쫓아다니고 나면 혼이 다 빠져요. 그리고 밤엔 친구랑 약속이 있는데 그 친구는 만나면 늘상 처음부터 끝까지 걱정만 늘어놓는 통에 짜증도 나고 지치기도 해요. 제발 그러지 말라고 해도 달라지질 않아요. 약속을 잡을 때마다 둘이서 재미난 걸 해보면 어떨까 생각하지만 여태껏 한 번도 못해 봤어요." 한번 물어나 보라는 나의 반응에 할머니는 고개를 저었다. "물어보나마나 안 한다고 할 걸." 그러나 잠깐 생각에 잠겼던 할머니가 다시 말했다. "아냐. 안 그럴 수도 있지. 한 번도 안 물어봤으면서 내 마음대로 판단하면 안 되지. 오늘 전화해서 영화나 보자고 물어봐야겠네."

정리 정돈에서 빼놓을 수 없는 부분은 바로 자신의 욕망을 아는 것이다. 자신의 욕망과 바람, 가치관과 선호 대상, 감정과 마음의 갈등 원인을 잘 알면 자신에게 무엇이 중요하고 중요하지 않은지 쉽게 판단할 수 있다. 그러면 버릴 것과 간직할 것을 결정하기도 훨씬 수월하고 보다 만족스러운 삶을 살 수 있다.

따라서 정리를 시작하기 전에 반드시 자신에게 질문을 던져야 한다. '지금의 내 삶에서 중요한 것은 무엇인가?' '지금 나를 행복하게 하는 것은 무엇인가?' 그래야 무엇이 과거의 것인지, 지금 나의 관심사는 무엇인지, 어떤 관심이 뒤로 밀려났는지 알 수 있다.

정리 정돈은 새로운 평가 과정이다. 평가를 통해 내 삶에 더 명확한 기준을 선사하며, 자신의 본성, 자신의 욕망에 맞는 삶의 모델을 찾는 작업이다. 또한 현재의 내게 중요하고 필요한 것들을 판단하는 작업이다.

자신의 욕망을 알면 더 행복한 인간관계를 만들 수 있다. 내 경험상 정리 정돈에 어려움을 겪는 사람들 중 상당수가 자신의 욕망보다 타인의 욕망에 더 관심이 많다. 타인은 몹시 배려하면서 자신의 소망에는 소홀하다. 하지만 장기적으로 이런 태도는 불만을 낳을 수밖에 없다. 뭔지는 모르겠지만 항상 부당한 대접을 받고 있는 듯한 기분에 사로잡힌다. 아니 실제로도 부당한 대접을 받고 있다.

나른 사람을 돕는 것은 물론 바람직한 행동이다. 친구 사이에서도, 부부 관계에서도 꼭 필요한 부분이다. 상대에게 도움을 주면

> "하고 싶지 않은데 억지로 승낙해 놓고 나중에 결국 후회해요. 하지만 대부분은 괜한 분란이 싫어서 참고 넘어가죠."

서 신뢰와 사랑을 키울 수 있기 때문이다. 다만 그 행동이 일방적이거나 자신의 욕망을 전혀 아랑곳하지 않는다면 문제가 된다.

어떻게 해야 자신의 욕망을 깨닫고 표현할 수 있을까? 예를 들어 친구가 아이스크림 먹으러 가자고 할 때 아무 생각 없이 동의할 것이 아니라 나도 아이스크림이 먹고 싶은지 잠시 생각해 본다. 대답하기 전에 먼저 내가 하고 싶은 것은 무엇인지 고민해 보는 것이다. 내가 얼른 동조하지 않으면 친구가 화를 낼까 봐 불안한가? 불안해할 필요 없다. 지금껏 그런 불안 탓에 당신은 자신의 욕망을 찬찬히 들여다보지 못했다. 당신의 불안과 달리 친구는 충분히 당신의 입장을 이해할 것이다.

의사를 전달할 때는 명확한 표현을 쓰자. "점심 먹는 것도 괜찮지 않아?" 같은 애매한 표현 대신 "난 아이스크림은 별로야. 배고파서 점심을 먹었으면 좋겠어"라고 확실히 말하자. 그런 다음 친구와 함께 두 사람의 욕구를 동시에 만족시킬 수 있는 방법을 고민한다. 혹은 한쪽이 다른 쪽을 위해 양보하는 방법을 선택할 수도 있다.

만날 약속을 정하려고 전화할 때는 그 전에 잠시 그 사람과 무

"저는 아내와 휴가 계획을 짤 때마다 결정 장애에 시달립니다. 너무 정신이 없어서 아내에게 다 맡기는 편인데 그러고 나면 나중에 꼭 짜증이 나더라고요. 더 좋은 게 많을 텐데 싶어서 말이죠."

엇을 하고 싶은지 고민해 보자. 그런 후 '나는 ······을 하고 싶어'라고 자신의 생각을 명확히 표현해 상대가 당신에 대해 조금 더 알 수 있는 기회를 선물하자.

우선순위를 정하는 능력 역시 정리 정돈의 필수 조건이다. 어떤 것을 우선한다는 것은 다른 것은 선택하지 않는다는 뜻이다. 그런데 많은 사람들이 그 결정을 내리지 못해 힘들어한다. 하지만 사람들이 미처 깨닫지 못하는 사실이 있다. 의식하지 못할 뿐, 우리는 삶의 매 순간 결정을 내린다. 결정을 내리지 못하는 것도 사실은 소극적인 행동을 '결정'한 것이다. 다른 사람에게 우리 대신 적극적으로 나서서 결정을 내리라고 권한을 위임한 것이다. 그래 놓고 불만이 생기면 상대를 탓한다.

모든 행동의 책임은 스스로에게 있다. 인간은 결정하지 않을 수 없고, 결정의 책임은 전적으로 자신에게 있다. 세계적인 경영 컨설턴트 라인하르트 K. 슈프렝어는 《자기 책임의 원칙*Das Prinzip Selbstverantwortung*》(1998)이라는 책에서 이렇게 말했다. "당신이 하거나 하지 않은 모든 일의 책임은 당신에게서 시작되고 당신에게서 끝난다." 이 자기 책임의 원칙은 우리 삶의 전 영역에 해당된다. 우리가 내리는 모든 결정에는 항상 대가가 따른다. 그래서 우리는 의식하든 의식하지 못하든 어떤 대가를 치를 준비가 되어 있는지 끊임없이 고민한다.

물건을 쌓아 놓은 사람들 역시 손가락 하나 까딱하지 않는 대가로 불편을 참고 견디기로 결정한 사람들이다. 반대로 청소를 시작한 사람은 쌓여 있는 물건이 주는 스트레스가 심각해, 변화를 시도하는 데 에너지를 투자하기로 결정한 사람이다.

물론 현실은 말처럼 그렇게 간단명료하지 않다. 여기에서는 아주 짧게 설명했지만 현실에서는 이 역시 시간이 걸리는 오랜 배움의 과정이 필요하다. 아침에 잘 자고 일어나 문득 '이제부터 완전히 달라질 거야'라고 결심하고 자기 삶을 뒤집는 사람은 거의 없다. 삶이 바뀌기까지는 일상의 수많은 작은 결심이 쌓여야 한다. 그러므로 무엇보다 변화의 가능성을 깨닫고 일상생활에서 변화를 모색하기 위해 애쓰며, 이것저것 실험하고 결과를 관찰하는 것

실천 노트 | 친구와의 만남이 즐거워지려면

친구와의 관계에서 당신은 얼마나 적극적인가? 친구를 만날 때 친구와 무엇을 할 것인지 고민하는 시간이 얼마나 되는가? 친구와 당신 중 누가 더 주도권을 쥐며 누가 더 자주 만남의 장소와 할 일을 정하는가?

지금까지 친구들에게 주도권을 넘겨줬다면 이제부터 당신이 그 주도권을 쥐어 보자. 가장 친한 친구의 이름을 차례대로 적고 그 친구와 같이 하고 싶은 활동이나 같이 있을 때 좋은 점을 적어 보자. 이 친구와는 무엇을 하고 싶은가? 친구와 당신을 하나로 연결해 주는 고리는 무엇인가? 다음에 친구를 만날 때 이 리스트를 참고해 이런저런 제안을 해보자.

이 필요하다.

　변화의 작은 걸음이 모여야 비로소 큰 변화가 일어나는 것이다. 집 안 정리, 시간 관리, 인간관계, 습관, 모두 작은 변화가 쌓여야 큰 변화가 생긴다.

취향과 환경의 변화를
인정한다

한 여성이 벼룩시장에 특이한 문양의 화려한 벽걸이를 들고 왔다. "부모님은 저와 여동생이 태어나기 전부터 인도에 자주 다니셨어요. 그러다가 인도 가구, 양탄자, 액세서리 같은 것들을 수입해서 파셨죠. 그래서 우리 집 인테리어는 완전히 인도식이었어요. 당시만 해도 그런 집이 많지 않아서 동네 사람들이 신기해했어요. 친구들도 우리 집에 놀러 오면 감탄사를 연발했죠. 엄마는 인도 요리도 자주 해주셨어요. 제 생일 때는 친구들을 불러다 인도 음식을 해주셨는데 맛이 좀 특이했지만 다들 맛있게 먹었어요. 지금도 그 시절 물건들이 장롱에 제법 남아 있어요. 하지만 그사이 제 취향이 변했는지 요즘엔 이런 화려한 색깔보다는 단순한 색이 좋아요. 문양도 너무 과하다는 생각이 들고요. 장롱이 비좁기도 해서 몇 가지 물건을 골라 가져왔어요. 마음에 들어하는 사람이 있으면 좋을 텐데요."

변화는 저마다 다른 속도, 다른 규모로 찾아온다. 가장 대표적인 큰 변화는 진학, 졸업, 취업, 결혼, 이혼, 사별 등을 꼽을 수 있다. 질병도 큰 변화 중 하나다. 자신은 물론이고 가까운 사람의 질병, 나아가 소중한 사람의 죽음은 인생을 뒤흔들 정도의 큰 충격이기 때문이다.

스스로 선택한 의도적이고 바람직한 변화도 있지만 전혀 예기치 못한 순간에 미처 피할 사이도 없이 들이닥쳐 우리를 힘들게 하는 변화도 많다. 그래서 사람들은 '운명의 장난', '하늘이 내린 벌' 같은 말로 변화의 충격을 피할 수 없는 것으로 받아들이기도 한다. 같은 상황 속에서도 변화에 대한 평가는 개인마다 다르다. 이는 개인의 타고난 본성, 살면서 쌓은 경험과 평가 기준이 모두 다르기 때문이다.

변화를 도전으로, 성장의 기회로 생각하는 사람들도 있다. 위기가 닥치면 온 힘을 끌어모아 위기 상황에 적극 맞선다. 출발점은 바꿀 수 없어도 결과는 내 힘으로 바꿀 수 있다고 믿고 여세를 몰아 최선을 다한다. 반대로 예기치 않은 변화를 몹시 두려워하는 사람들도 있다. 변화에 적응하지 못할 것이라고 지레 겁을 먹고 최대한 변화를 피하거나, 어쩔 수 없이 닥친 변화에는 눈을 감고 누군가가 해결해 주기를 기대한다. 남에게 책임을 떠넘긴 채 운명을 한탄하기도 한다.

또한 현 상황이나 지금 곁에 있는 사람들에게 애정을 주기보다 늘 변화를 향해 한 발 앞서 달리는 사람들이 있다. 이런 사람들은 무조건 새것이 좋다고 생각하기 때문에 남녀 관계도, 직장도 때가 되면 변화를 줘야 한다고 믿는다. 그러나 새것만 찾다 보면 인간관계가 겉돌 위험이 있고 무엇을 하건 다른 것에 시선이 가 있어 대충대충 하게 될 위험이 있다.

반대로 지금의 것에만 몰입하는 사람이 있다. 열과 성을 다해 기존의 관계를 가꾸고 맡은 책임에 최선을 다한다. 성실하고 열정적인 모습이 보기 좋지만 이 역시 지나치면 자기 것이 최고라는 오만에 빠져 다른 관점, 다른 가능성을 보지 못할 수 있다.

사실 따져 보면 인생은 매 순간이 변화다. 눈에 띄는 급작스러운 변화만이 변화가 아니다. 우리는 어제와 같은 사람이 아니다. 지금까지의 인생에 계속해서 새로운 경험, 새로운 생각, 새로운 느낌을 더해 간다. 우리는 흔히 '지속성', '일상', '의례'와 같은 말로 시간의 영속성을 강조하지만 그것은 우리가 끝없는 변화를 인식하지 못하기 때문이다. 한 사람이 평생 동안 어떻게 변하지 않는단 말인가? 지금의 당신에겐 어린 시절의, 사회 초년생 시절의, 첫사랑에 빠졌던 순간의 모습이 얼마나 남아 있는가? 인생의 황혼기에 접어든 노인에게선 젊은 시절의 흔적을 얼마나 볼 수 있는가? 다정하던 아빠와 충성스럽던 직장인의 모습이 얼마나 남아 있는가? 우리의 내면은 변하고 넓어지며 다채로워지고 그에 대한 우리의 평가도 계속해서 바뀐다. 다만 우리가 그 사실을 깨닫지 못할 뿐이다. 그러다 어느 순간 문득 걸음을 멈추고 뒤를 돌아보면 우리가 걸어 온 인생과 결정들이 우리의 몸과 마음에 남긴 변

"모아 둔 물건이 많은데도 버리지를 못하겠어요. 물건마다 다 사연이 담겨 있잖아요. 그걸 버리면 그 사연도 몽땅 사라져 버릴 것 같아서 겁이 나요."

화의 흔적들을 볼 수 있다.

물건이나 인간관계에 집착하는 사람들은 그 물건이나 상대가 지나온 내 인생의 결과물이라고 생각한다. 그래서 그 물건이나 관계를 잃으면 내 인생도 물거품이 될 것 같은 두려움을 느낀다. 나의 수집품은 곧 나인 것이다. 모아 놓은 보물 속에 내 정체성이 담겨 있는 것 같고, 쌓아 둔 물건을 다 합치면 그것이 곧 나인 것 같다. 그러나 우리가 미처 깨닫지 못한 사실이 있다. 우리는 지나온 시간의 총합 그 이상의 존재라는 사실이다. 오랜 시간을 거치며 저장되고 처리되고 정리된 경험들이 우리 마음에서 큰 변화를 일으켰으며, 생각보다 훨씬 잘 성장해 왔다는 사실이다.

정리 정돈은 자신의 변화를 인식하고 긍정하며 삶의 강물과 함께 흘러간다는 뜻이다. 다시 한번 그동안 걸어온 인생의 계단을 내려다보며 과거의 수많은 아름다운 만남과 경험에 기뻐하고 그 경험의 진액이 내 마음속 깊은 곳에 저장되어 있음을 믿는다는 뜻이다. 모든 것은 우리 마음속에 남아 있다.

추억의 물건이 짐이 되면 좋은 기억도 망가진다. 과거의 것을 버리지 못하고 붙들어 두면 현재와 미래가 들어올 자리가 없다. 오히려 새것을 스트레스로 느낀다. 이미 온 집 안이 발 디딜 틈도 없이 꽉 찼기 때문이다. 넘치는 물건 탓에 미래의 문이 닫히는 것이다. 정리 정돈은 바로 이런 문제를 해결하는 길이다. 삶이 곧 변화의 과정이라는 사실을 받아들이고, 적극적으로 삶을 만들어 나가는 것이다.

정리 정돈은 정서적 부담, 분노와 묵은 상처를 놓아 버린다는 뜻이기도 하다. 우리는 지난 시절의 상처 탓에 많은 에너지를 빼앗겼다. 어쩌면 지난 상처들을 여전히 생생하게 기억하는 이유도 우리가 쏟아부은 에너지 때문인지 모른다. 그러나 이미 투자한 에너지가 아까워 과거의 기억에 매달리는 것은 어리석은 짓이다. 기억 역시 적지 않은 에너지를 요구하고, 더구나 기억이 과거를 바

실천 노트 | 변화 되짚어 보기

당신은 어떤 변화를 경험했는가? 무사히 그 변화의 파고를 넘었는가? 아니면 그 변화가 너무 힘들었는가? 어떤 변화의 파고를 넘지 못했는가?
잠깐 짬을 내서 정리 노트에 기록해 보자. 그리고 아래의 질문에도 대답해 보자.

- 과거에 힘든 변화를 이겨 내는데 도움이 된 것이 있다면 무엇인가?
- 어떤 능력이 도움이 되었나?
- 곁에서 도움을 준 사람은 누구였나?

슬기롭게 변화의 파고를 넘지 못한 적이 있었다면 이 질문에 답해 보자.
- 어떤 능력이 도움을 줄 수 있었을까?
- 구체적인 대처 방법으로 어떤 것이 있었을까?
- 누구에게 도움을 청할 수 있었을까?

꿀 수도 없다. 이럴 때 정리 정돈은 고통스러운 과거와 화해한다는 의미이다. 마지막으로 과거를 기억한 후 그것을 놓아주고 묵은 상처를 치유하는 것이다. 나의 시야와 에너지의 방향을 현재와 미래의 삶을 향해 돌리는 것이다.

버리는 데도
용기가 필요하다

40대 남성이 고가의 양복을 한 벌 가져와 내게 건네며 사연을 들려주었다. "집에 양복이랑 셔츠가 몇 벌 더 있어요. 다 명품이에요. 예전에 대기업에서 근무했는데 꽤 높은 자리까지 승진했죠. 그때는 깔끔하게 차려입고 다녔어요. '옷이 날개'라는 말도 있잖아요. 하지만 스트레스가 너무 심해 결국 병이 나서 잠시 쉬다가 몇 년 전에 직장을 옮겼답니다. 그래도 양복은 못 버리고 계속 옷장에 모셔 뒀어요. 입을 일은 없었지만 양복을 보면 뭔가 안정감이 들었거든요. '다시 그 회사로 복직할 수 있지 않을까?' '혹시 나중에 돈이 궁해지면 이 양복을 팔 수 있지 않을까? 명품이니까 그래도 제법 받을 수 있을 거야'라는 생각을 했던 거죠. 하지만 지금 직장에 만족하는데다 이젠 이런 양복을 입을 일이 없을 거라는 생각에 오늘 용기를 내서 이곳에 한 벌 가져왔습니다. 괜찮다면 나머지도 마저 들고 오려고요."

우리가 감행하는 모든 변화는 용기를 필요로 한다. 정리 정돈을 시작한 사람도 용감하다. 익숙한 길을 버리고 낯선 길로 가야 하며 새로운 도전에 맞서야 하기 때문이다. 지금의 상황은 고통스러워도 친숙하며, 지금껏 상황에 맞춰 그럭저럭 잘 살아왔다. 물건을 쌓아 두기 위해 치러야 하는 대가는 크지만 그 대가가 무엇인지는 너무나 잘 알고 있다. 그러나 변화가 요구하는 대가는 실감이 안 나고 낯설다.

그러나 변화에 뛰어들면 지금껏 나 자신도 몰랐던 숨은 면모가 드러난다. 잠깐은 고통스러울 수 있겠지만 더 행복한 길을 열어 준다는 사실을 깨닫게 된다.

지금껏 안정감을 주던 물건을 포기하는 것, 친구에게 그동안 너를 도와주는 것이 즐거웠지만 힘에 부쳤노라고 솔직히 말하는 것, 의무감 때문에 하는 안부 전화를 포기하는 것, 그 모든 행동엔 용기가 필요하다.

물건을 버리는 것은 위험을 감수하는 일이다. 언젠가 그 물건이 필요할 수도 있다. 베란다 다용도실을 깨끗하게 비웠다고 상상해 보자. 온갖 물건이 쌓여 있던 곳이 깔끔해졌으니 얼마나 기분이 좋겠는가. 땀범벅이던 몸을 깨끗하게 씻은 것처럼 개운하고 상쾌할 것이다. 그러다 몇 주 후 식탁 의자의 팔걸이가 부러지고 불현듯 다용도실 청소를 하면서 모아 둔 나무 조각을 몽땅 다 버린 것이 생각난다. 버리지 않았다면 지금 당장이라도 의자를 새것처럼 고칠 수 있을 텐데 너무나 아쉽다.

그렇다. 언제라도 그런 일이 일어날 수 있다. 바로 그런 위험을 감수하는 것이기에 정리 정돈은 용감한 일이다. 그러나 위험을 각오하면 설사 그런 일이 일어나도 담담할 수 있다. 미리 알고 대비하면 위험은 예상과 달리 크고 세지 않다. 언젠가 쓸 일이 있을지도 모른다는 이유로 모셔 둔 대부분의 물건은 손쉽게, 또 저렴한 값에 다시 구할 수 있다. 혹시 쓸 데가 있을지도 모른다는 걱정에 100가지 물건을 모셔 두겠는가? 아니면 나중에 다시 장만하더라도 그 100가지 물건을 버리고 넓은 공간을 즐기겠는가? 물론 물건이 너무 많아 생각 없이 버렸는데 나중에 쓸 일이 있어 찾아보니 어디에서도 구할 수 없는 사태가 벌어질 수도 있다. 그럴 땐 어

실천 노트 | 위험의 실체 따져 보기

지금 당신이 하는 걱정이 과연 얼마나 의미가 있을까? 한번 따져 보자.

- 지금 버렸다고 나중에 후회할 물건이 과연 무엇일까? 정말로 그 물건이 없으면 그렇게 아쉬울까?
- 정확히 어떤 일이 일어날까?
- 그때 당신은 어떤 기분일까?
- 물건을 버려서 입을 손실이 실제로 얼마나 될까?

그럴 경우 무엇을 할 수 있을지 고민해 보자.
- 어떤 물건을 어디서 얼마나 비용을 들여 새로 장만할 수 있을까?
- 누가 무엇으로 당신을 도와줄 수 있을까?
- 도저히 되돌릴 수 없다면 어디서 위안을 찾을 수 있을까?
- 이 모든 경험은 당신의 마음 어디에 저장되어 있을까?

쩔 수 없는 상황을 받아들이고 마음으로도 추억의 물건과 작별을 고해야 한다. 너무 안타까워할 필요는 없다. 물건은 사라져도 당신의 마음속 어딘가에 추억은 고이 간직될 테니까.

정리 정돈을 하는 사람은 용감하다. 어디로 꺾일지 모르는 길을 걷고, 어떤 일이 벌어질지 예상할 수 없는 상황에 뛰어들었으며, 새로운 것을 만나기 위해 위험을 감수하기 때문이다. 그러나 용기를 낸 만큼 보람도 있을 것이다. 정리 정돈을 하면 공간이 넓어지고 삶이 가벼워지며 에너지가 불끈 솟아오른다.

작별이 쉬운 물건부터
하나씩

한 할머니가 가끔씩 손녀를 데리고 벼룩시장을 찾아왔다. 꽃병이나 식탁보, 옷 같은 물건을 들고 오셔서 나와 이야기를 나누었는데 언젠가 한번은 이런 말씀을 하셨다. "우리 집엔 쓰지 않는 물건이 많아요. 여기 들고 오고 싶지만 생각처럼 쉽지가 않네요. 제가 물건을 좀처럼 버리질 못하거든요. 물건마다 추억이 깃들어 있으니까요. 특히 책은 한 권도 못 버리겠어요. 내 일부를 버리는 것 같아서요. 선물 받은 물건도 엄청 많아요. 꽃을 좋아하다 보니 꽃병이 수십 개나 되고 도자기 인형, 설탕 통도 수두룩하죠. 하지만 선물해 준 사람들을 배신하는 것 같아서 도저히 버릴 수가 없더라고요. 워낙 작별을 잘 못하는 성격이에요. 한 번 마음에 둔 물건이나 사람은 영원히 내 것이니까요. 살면서 어쩔 수 없이 헤어진 사람들이 있잖아요. 헤어질 때마다 정말 너무너무 마음이 아팠어요."

"너무 많이 버렸나? 버리고 나면 늘 그런 생각을 해요. 한번은 어머니가 멕시코에서 사다 주신 머리핀을 버렸는데 나중에 얼마나 후회되던지 지금도 가끔씩 생각이 나요. 그 후로는 뭐든 버릴 때마다 자꾸 멈칫멈칫하게 되요."

정리 정돈과 내려놓기는 항상 작별을 동반한다. 사실 따지고 보면 잠시 헤어지는가 영원히 헤어지는가의 차이만 있을 뿐 우리 삶 자체가 크고 작은 작별의 연속이다. 그래서 독일 정신분석학자 카타리나 레이Katharina Ley는 이렇게 말했다. "작별은 인간의 탄생부터 죽을 때까지 계속된다. 탄생 역시 어머니 자궁과의 작별이기 때문이다. 그러므로 우리는 평생 작별하고 그 작별을 슬퍼해야 하지만 또 한편으로는 그런 작별의 터널을 지나며 늘 새롭게 시작할 수 있을 것이다."

물론 더 나은 삶을 위해 결심한 의도적인 작별도 있다. 부담스러운 관계를 끊어 내고, 일터를 옮기고, 이사를 한다. 하지만 연인의 일방적인 이별 통보, 곁에 있던 소중한 사람의 죽음, 갑작스러운 실직, 소매치기 당한 지갑 등 내 의지와 전혀 무관한 작별도 있다. 또한 우리는 실현 가능성이 전혀 안 보이는 소망이나 꿈과도 작별을 고해야 한다.

독일 철학자 빌헬름 슈미트Wilhelm Schmid는 '현실에서 더 이상 어떤 가능성도 열려 있지 않을 때 깨닫는 불가피성'에 대해 말한다.

이 불가피성이 불안과 분노, 절망을 안겨 준다. 작별의 과정에 뒤이은 슬픔은 이러한 불가피성과의 대면이다. 되돌릴 수 없는 상실과 그에 따른 감정과의 정서적 대면이자 상실 너머에 자리한 새로운 삶과 정서적 균형을 추구하는 과정이다. 따라서 상실에 따른 슬픔과의 정서적 대면은 앞으로의 삶을 위해 반드시 거쳐야 하는 필수 과정이다. 상실의 아픔을 어떻게 극복하느냐에 따라 삶을 바라보는 관점이 달라지기 때문이다.

주변의 도움으로 슬픔을 잘 이겨 낸 사람, 상실을 받아들이고 상실과 화해하는 법을 차근차근 배운 사람은 더 강해져서 미래를 향해 나아갈 수 있다. 위기를 슬기롭게 극복했으니 앞을 향해 당당하게 걸어갈 수 있는 것이다.

반대로 상실에 집착하고 상실과 화해하지 못한 사람은 보이지 않는 끈으로 상실과 묶여 있다. 이 끈이 삶의 에너지마저 묶어 버리기에 예전의 평화로웠던 삶으로 다시 돌아갈 수 없다. 때론 자신도 상실에 책임이 있다는 죄책감 때문에 이 끈이 더 단단해진다. 예를 들어 자기 때문에 배우자가 세상을 떠났다고 자책하는 식이다. 심한 경우 상대는 죽었는데 자신은 살아남았다는 사실 그 자체를 죄라고 느낀다.

이렇듯 정리 정돈과 내려놓기는 크고 작은 수많은 작별을 거친다. 집을 청소하고, 과거의 습관을 점검한 후 불필요한 모임을 정리하고, 혼자만의 시간을 가지는 것도 작별이다. 물건과의, 습관과의, 사람들과의 작별이다.

정리 정돈은 누구나 조금만 관심을 가지면 배울 수 있는 것이다. 작별의 방법 역시 배울 수 있다. 정리 정돈과 작별은 늘 함께 하기 때문이다. 정리는 눈에 보이고, 작별은 눈에 보이지 않지만 이 두 과정은 서로를 지지하고 후원한다.

그러므로 정리 정돈할 때는 작별이 쉬운 것부터 시작하는 것이 좋다. 마음 편하게 버릴 수 있는 것부터 과감하게 버리자. 온 에너지를 투자해 힘차게 밀고 나가자. 가능하다면 어디든 공간을 비워 내고 넓게 만드는 것이다. 사용하지 않는 물건들이 사라지고 아끼는 물건이 제자리를 찾은 후의 정돈된 모습을 즐겨 보자.

아끼던 물건과 작별하기 위해선 좀 더 많은 시간이 필요하다. 그 물건에 얽힌 추억을 떠올리며 그동안 고마웠다고 인사할 시간이 필요하니까. 작별 인사 후에는 망설이지 말고 버려야 한다. 필요하다면 나름의 작별 의식을 만드는 것도 한 가지 방법이다.

실천 노트 | 작별의 기억 떠올려 보기

편안한 장소를 찾아서 긴장을 풀고 아래의 질문에 답해 보자.

- 살면서 어떤 작별들을 경험했는가? 어떤 작별이 수월했고 어떤 작별이 힘들었는가?
- 작별할 당시 누가 도움을 주었는가? 무엇이 힘이 되었는가? 지금 다시 비슷한 작별을 겪는다면 누가 당신 곁에서 도움을 줄 수 있을까?

떠오르는 생각과 이름, 도움 받은 내용을 구체적으로 정리 노트에 적어 보자. 누구에게 전화를 걸어 도와 달라고 부탁할 수 있을까?

생각이나 꿈, 소망도 같은 방법으로 작별한다. 애착이 심하지 않은 것부터 시작해 작별이 힘든 것으로 차근차근 나아가야 한다. 배움의 과정이 그러하듯 작별도 처음에는 현실적으로 실현 가능한 목표를 세워 작은 성공을 이룸으로써 스스로에게 용기를 줘야 한다.

집 안 지도를 만든다

같은 공간인데도 정리를 잘하는 사람이 있고, 그렇지 못한 사람이 있다. 예를 들어 집 안 청소를 할 때 사람마다 치우기 쉬운 곳과 어려운 곳이 다르다. 어떤 집은 부엌은 깔끔한데 침실은 엉망이다. 옷장을 열면 옷이 쏟아지고, 빨아야 할 옷들이 의자와 침대에 굴러다닌다. 거꾸로 침실은 깨끗한데 거실이 돼지우리 같은 집도 있다. 거실은 아무리 정리하려고 해도 안 된다고 푸념한다. 또 어떤 사람은 집 안 정리는 잘하면서 편지나 서류는 도저히 정리를 못하겠다고 고충을 털어놓는다. 함부로 버렸다가 중요한 서류를 잃어버릴 것만 같아서 그냥 다 모아 둔다는 것이다.

이렇듯 우리 머릿속에는 자신만의 집 안 정리 지도가 있기 때문에 정리할 때 이정표로 삼을 수 있다. 어떤 공간이 잘 정리되어 있는지 알면 어느 곳부터 시작하고, 어느 곳을 집중적으로 정리해야 할지도 파악할 수 있다. 우선 다음의 실천 노트를 따라해 보자.

지도 그리기가 끝났다면 각 공간에 대한 파악이 끝났을 것이다. 그렇다면 다음으로 어디서부터 정리를 시작하고, 어떤 순서로 진행할 것인지 결정하기에 앞서 먼저 몇 가지 도움이 될 만한 내용을 살펴보자.

실천 노트 | 나만의 집 안 지도 만들기

정리 노트에 대략적인 집의 평면도를 그린다. 한 곳씩 살펴보며 아래와 같이 각 공간을 다른 색깔의 색연필로 분류해 보자.

- 먼저 잘 정리되어 있어 전체적으로 만족하는 공간을 고른다. 꾸준히 쓸고 닦을 필요는 있지만 큰 변화는 필요하지 않은 곳으로 '잘 정리된 공간'이라고 부르자. 마음에 드는 색깔의 색연필로 칠한다.
- 머물면 마음이 편해 집에서 제일 많은 시간을 보내고 싶은 곳을 고른다. 이곳은 '아끼는 공간'이라고 부른다. 마음에 드는 다른 색깔로 칠해 보자.
- 물건이 심하게 꽉 차 있지만 어떤 물건이 어디에 있는지 당신이 대충 아는 공간, 즉 생활의 일부가 된 공간을 고른다. 이곳에 있으면 비록 물건은 넘치지만 심적인 부담은 없다. 이곳은 '수집의 공간'이라고 부르자. 이곳도 마음에 드는 색깔을 골라 칠한다.
- 자주 사용하고 싶지만 그러기에는 너무 협소한 공간을 고른다. 이곳은 '소망의 공간'이라고 부르자. 이곳도 다른 색깔로 칠해 보자.
- 애써 외면하고 피하고 싶은 곳, 물건만 넘쳐 나는 것이 아니라 그쪽으로 고개만 돌려도 두통이 밀려오는 곳을 고른다. 그 불쾌감은 양심의 가책 때문일 수 있다. 정리를 해야 한다는 압박감, 혹은 도저히 감당할 수 없을 것이라는 불안감 때문일 수도 있다. 이런 장소는 '피하고 싶은 공간'이라고 부르자. 여기에도 다른 색깔로 칠해 보자.

잘 정리된 공간

상담자들 중에는 자기는 원래부터 정리를 못한다고, 집 안 꼴이 돼지우리 같다며 우는 소리를 하는 사람들이 있다. 그런데 그 사람들도 나와 이야기를 나누다 보면 자기 집에도 깔끔하게 정리된 곳이 한두 군데는 있다는 사실을 깨닫고 깜짝 놀라곤 한다. 어질러진 장소에만 초점을 맞추다 보니 잘 정리된 장소를 미처 보지 못하는 것이다. 그 사실을 알고 나면 많은 사람들이 '아, 나도 정리를 할 줄 아는구나!' 하고 안도의 숨을 내쉰다.

사람에 따라 차이가 있지만 대부분 잘 정리된 공간은 감정적으로 중립적인 곳, 즉 부엌 싱크대나 욕실 등인 경우가 많다. 이런 곳은 자기도 모르는 사이 아주 자연스럽게 정리하게 된다. 물론 일상생활을 하다 보면 어느 곳이나 어질러지고 더러워지기 마련이지만 이런 공간은 기본 구조가 단순하기 때문에 큰 변화를 주지 않고도 금방 정리할 수 있다. 그래서 나는 정리를 시작하려는 사람들에게 먼저 '잘 정리된 공간'을 찾아보라고 권한다. 크게 치우지 않아도 만족스러운 공간이 있다는 사실을 깨닫는 것만으로도 마음의 부담이 눈에 띄게 줄기 때문이다.

일단 그 뿌듯한 마음을 마음껏 즐겨 보라. 자신도 모르는 사이 스스로 이루어 낸 성과를 칭찬하자. 이 장소를 정리 프로젝트의 든든한 기반으로 삼아 보자. 스스로 잘 정리해 낸 곳도 있는데 다른 곳인들 왜 못하겠는가?

아끼는 공간

마음이 편해서 자꾸만 머물고 싶은 곳이다. 창가의 흔들의자일 수도 있고, 누우면 바로 잠이 솔솔 오는 거실 소파일 수도 있다. 또는 취미 활동을 하는 공간이거나 창의력을 쏟아 내는 공간일 수도 있다. 이런 공간은 잘 유지해야 한다. 자신에게 여유와 힘을 주는, 팍팍한 일상의 오아시스 같은 공간이기 때문이다.

   아끼는 공간에는 일상의 잡동사니를 최대한 두지 않아야 한다. 그곳에서 제일 하고 싶은 일을 생각해 필요한 것만 둬야 한다. 그곳이 소파라면 가벼운 이불 한 채, 편안한 쿠션 몇 개면 충분하다. 협탁에 잡지나 책 몇 권 정도 놓아두고, 가능하다면 찻잔이나 맥주잔 하나 정도 놓을 빈 공간을 마련한다. 아끼는 공간이 부엌이라면 요리가 즐겁도록 싱크대 위는 항상 깨끗하게 정리해 둔다. 아끼는 공간은 규칙적으로 정리해 깔끔한 상태를 유지해야 한다. 그래야 공간 본래의 기능을 다할 수 있다.

수집의 공간

'수집의 공간'은 물건이 잔뜩 쌓여 있지만 무엇이 어디에 있는지 대충 파악할 수 있는 곳을 말한다. 즉, 당신이 적극적으로 일상을 꾸려 나가는 공간이다. 물건이 너무 많아서 산만하고 어지럽지만 이상하게도 마음은 부담스럽지 않다. 사람에 따라 그런 공간은 욕실이거나 지하실, 다락방, 복도나 현관일 수도 있다. 물건은 많되 마음은 부담스럽지 않은 곳, 바로 이곳이 정리 프로젝트를 시작하기에 안성맞춤인 공간이다. 이곳에서 꼭 필요한 물건을 보관할 수 있는 공간을 확보할 수 있기 때문이다.

그러자면 이 공간에 딱 맞는, 수납 공간이 충분한 수납장이나 선반이 필요하다. 여기서 '충분하다'는 것은 보관하고 싶은 물건이 다 들어갈 수 있고, 넣고 꺼내기가 편하고, 위험하지 않아야 한다는 뜻이다. 즉, 물건을 층층이 쌓아 두지 않아야 한다는 말이다.

흔히 '수집의 공간'에는 예전에는 소중했지만 지금은 사용하지 않는 물건들이 몇 년째 수북이 쌓여 있는 경우가 많다. 따라서 한꺼번에 들어내도 되는 물건들이 적지 않다. 자, 열심히 정리를 시작해 보자. 필요하다면 친구에게 도움을 청하자. 제3자의 입장에서는 필요한 것과 그렇지 않은 것을 보다 객관적으로 평가할 수 있기 때문이다.

수납장 한 칸 한 칸, 장롱 서랍 하나하나까지 모두 꺼내 그 속에 있는 모든 물건의 유용성을 점검해야 한다. 기준으로 삼을 만한 몇 가지 질문을 던져 보자. '작년에 이 물건을 몇 번이나 썼던가?' '앞으로도 이 물건을 쓰고 싶은가?' '이 물건을 쓰면 행복한가?' '나에게 소중한 물건인가?' 이 모든 질문에 그렇다고 생각하는 물건은 그대로 간직해도 좋으니 제자리를 찾아 주어야 한다. 아니라고 생각하는 물건은 과감하게 버리거나 나눔함에 넣는다. 아, 정말 공간이 넓어졌다! 행복하지 않은가?

소망의 공간

사람들에게 정리를 마친 공간에서 무엇을 하고 싶은지 물어보면 여러 가지 대답이 나오는데 크게 두 가지 유형으로 나뉜다.

첫 번째 유형은 '창의적 작업형'이다. 이 유형의 사람들은 책을 쓰거나 시를 짓고 싶은데 책상이 너무 어지러워 도무지 창작을 할 수 없다고 말한다. 앞서 소개한 할머니처럼 그림을 그리고 싶은데 거실에는 이젤을 펼칠 자리가 없고, 햇볕 잘 드는 창가에도 박스가 쌓여 있어 어찌할 방법이 없는 경우도 있다.

두 번째 유형은 사람들과의 '관계 구축형'이다. 사람을 좋아해 친구들을 집으로 초대해 함께 놀고 싶은데 집이 너무 좁고, 조카들을 부르고 싶은데 쌓아 둔 짐이 너무 많고 위태로워 불안하다. 손님들이 속으로 흉볼까 봐 창피해서 못 부른다는 사람들도 있다.

이 공간이 이렇게 된 데에는 '너무 어질러서 도저히 정리할 엄두가 안 난다'거나 '정리 노하우가 없어 어떻게 정리해야 할지 막막하다'는 등의 현실적인 이유가 있다. 따라서 어질러진 이유만 확실히 파악해도 해결의 실마리를 찾을 수 있다.

그런데 더 큰 문제는 마음에 있다. 이런 공간이 생겨난 정서적 배경이다. 인간의 마음은 하나가 아니다. 서로 모순되고 충돌하는 감정들이 마음속에 공존한다. 한편으로는 창의력을 발휘하고 싶고, 문을 활짝 열어 사람들을 초대하고 싶다. 하지만 다른 한편으로는 그렇게 하지 못하게 막는 그 무엇인가가 있다. 대부분의 경우 실패의 두려움 때문이다. 특히 완벽주의 성향이 강해서 자신에게 거는 기대가 높거나 자신을 남과 자주 비교하는 사람들에게 그런 두려움이 자주 나타난다.

어릴 때부터 귀에 못이 박히도록 들었던 '넌 못해' '웬만큼 그림 그려서는 밥도 못 먹고 살아' 같은 말이 원인일 수도 있다. 반복해서 듣다 보니 자신도 모르게 본인의 능력을 과소평가하게 되어 어떤 일이든 시도조차 하지 못하고 주저하게 되는 것이다. '아예 시작하지 않는 게 낫지 않을까?' 그런 불안이 늘 마음 한켠에 도사리고 있다.

물론 일상에서는 이런 감정들을 거의 의식하지 못한다. 하지만 무엇인가를 적극적으로 시도하려고 할 때마다 마음이 혼란스럽고, 하면 안 되는 그럴 듯한 이유들이 불쑥불쑥 떠오른다. '그렇지만……' 같은 감정이 실천으로 가는 길을 왜곡하고, 불쾌감을 동반하여 그 감정을 외면하게 만든다. 하지만 마음의 장애물을 제거하고 싶다면 절대 이 '그렇지만……'의 감정을 못 본 척해서는 안 된다. 그 감정을 인정하고 똑바로 바라봐야 한다. 그것이 이정표가 되어 새로운 길을 알려 주기 때문이다.

당신의 집에도 '소망의 공간'이라고 부를 만한 곳이 있는가? 없다면 다음의 실천 노트는 건너뛰어도 좋다. 있다면 다음의 실천 노트를 이용해 당신의 모순된 감정과 생각을 알아보자. 자신의 감정을 정확히 파악하고 분류할 수 있으며 자신을 알 수 있고, 자신의 행동 원인도 확실하게 파악할 수 있다.

현실적 장애물 제거하기_리스트에 적은 현실적인 장애물들을 하나하나 살펴보고 제거 방법을 고민해 보자. 예를 들어 미술 학원에 등록하거나 동호회에 가입하는 방법이 있고, 선반이나 수납 정리함을 장만하는 것도 한 가지 방법이다. 다만 한꺼번에 너무 욕

실천 노트 | 소망의 공간을 탐색한다

정리 노트를 꺼내 '소망의 공간'이 깨끗하게 정돈되면 무엇을 하고 싶은지 적는다. 못다 이룬 꿈이나 몰래 간직했던 소망이 있는가? 어떤 일을 한번 해보고 싶은가? 펼쳐 보지 못한 재능이나 관심이 꿈틀대지 않는가?

소망의 공간에서 하고 싶은 일	그렇지만…… 무엇 때문에 그 일을 하지 못하는가?	
그림	현실적 장애물	감정적 장애물
풍경화 아크릴화 수채화	장소가 없다 물건을 치울 곳이 없다 너무 어둡다 경험이 없다 그림 그리는 법을 모른다	창의력이 부족하다 능력이 없다 창피당할까 봐 겁난다 ~보다 잘 그릴 자신이 없다

리스트 작성이 끝났으면 하고 싶은 일을 조금 더 자세하게 분류해 보자. 예를 들어 그림을 그리고 싶다고 적었다면 어떤 그림을 그릴지, 몇 시간 동안 그릴지 적는다. 이제는 그렇게 하지 못하는 이유를 찾아보자. 당신의 '그렇지만……'은 무엇인가?

현실적인 이유는 무엇인가? 현실적인 장애물은 왼쪽 칸에 적는다. 마지막으로 감정적 장애물이 무엇인지 생각해 보자. 어떤 감정이 생기는가? 그 감정에 이름을 붙여서 오른쪽 칸에 적어 보자.

심부리면 안 된다. 장애물을 한 가지씩 차근차근 해결해 나가야 한다. 또한 한 가지 장애물도 세분화시켜 조금씩 해결해 나가야 한다. 그래야 쉽게 포기하지 않고 꾸준히 정리 정돈을 계속할 수 있다. 아래의 순서대로 정리해 보는 것은 어떨까?

1. 정리하고 싶은 장소를 선택한다.
2. 인터넷이나 가구점에서 여러 가지 정리용품을 조사한다.
3. 정리를 잘하는 친구나 지인에게 도움을 청한다.
4. 친구와 함께 필요한 정리용품을 고른다.
5. 고른 정리용품을 장만한다.
6. 친구와 날을 잡아서 정리를 시작한다.
7. 열심히 노력한 자신에게 칭찬을 아끼지 않는다.

감정적 장애물 제거하기_계속 '그렇지만……'이라는 기분이 든다면 먼저 그 감정의 정체가 무엇인지 구체적으로 알아보자. 만약 이번에도 시작만 하고 끝을 맺지 못할까 봐 걱정된다면 목표를 낮춰 보는 건 어떨까? 지금까지 성공하지 못했던 이유는 처음부터 목표를 너무 높게 잡았기 때문일지도 모른다.

그림을 그리고 싶다면 일단 재료를 쉽게 구할 수 있는 연필화나 스케치부터 시작하는 것은 어떨까? 조금씩 실력을 쌓아서 점차 수채화, 유화에 도전하는 식으로 심화시켜 나가 보자.

'소망의 공간'에서도 알 수 있듯 공간을 정리 정돈하는 것은 우리 마음과 별개가 아니다. 현실적 차원과 감정적 차원이 긍정적 방향이든 부정적 방향이든 서로 깊은 영향을 끼친다. 마음도 현실적인 상황 못지않게 우리의 관심이 필요하다. 따라서 어느 것 하나도 소홀히 하지 말고 두 영역 모두에 관심을 기울여 한 걸음씩 나아가자.

피하고 싶은 공간

'피하고 싶은 공간'은 물건이 많아도 너무 많을 뿐 아니라 보기만 해도 가슴이 답답해지는 곳이다. 그래서 최대한 외면하고 무시하려고 애쓰지만 그럴수록 마음 한편이 더욱 무거워진다. 몇 년 동안 열어 보지 않은 서랍, 침대 밑에 밀어 넣어 둔 편지나 서류들, 먼지가 자욱한 구석방은 오랜 세월 외면하고 피해 왔던 만큼 정리가 쉽지 않다. 해묵은 아픈 경험이 그곳에 깃들어 있을 수도 있고, 차마 들여다보고 싶지 않은 자신의 게으르고 무능한 모습과 마주칠지도 모른다.

그러나 조금만 생각을 바꿔 보자. 미하엘 엔데의 동화에서 짐 크노프가 거인 투르투르와 만나는 장면이 나온다. 멀어지면 작게 보이고 다가가면 커 보이는 것이 정상이지만 무서운 거인 투르투르는 가까이 다가갈수록 작아지면서 무서운 면모를 잃는다. 그리고 아주 가까이에서 본 거인의 진짜 모습은 지극히 평범한 인간에 불과하다. '피하고 싶은 공간'은 바로 이 투르투르와 같다. 멀리서 보면 너무 커서 겁이 나지만 가까이 다가가 자세히 들여다보면 별

것 아니다. 사실 살면서 부딪치는 많은 문제들은 거인 투르투르와 같다. 겉모습만 보고 지레 겁을 먹지만 찬찬히 뜯어보면 분명히 해결책이 보인다. '피하고 싶은 공간'도 용기를 내서 가까이 다가가면 문제점과 구체적인 해결 방안이 반드시 떠오르게 되어 있다.

피하고 싶은 공간에 대한 두려움을 없앴다면 이제 소망의 공간을 정리할 때처럼 현실적인 문제와 감정적 문제를 나누어 접근하면 된다. 먼저 현실적인 문제를 고민해 보자. 매일매일 쌓이기만 하는 종이 뭉치가 보인다. 일단 종류별로 분류한 후 아래와 같이 정리한다.

- 광고 전단지는 무조건 버린다.
- 읽은 신문도 바로 처리한다.
- 청구서는 자동 이체한다.
- 세금 신고는 제때에 한다.
- 편지에는 답장을 쓴다.

이렇게 종류별로 현실적인 해결 방안을 찾을 수 있다. 광고 전단지는 집에 가져오지 않는 것이 최선이다. 받지 않거나 받은 직후 읽어 보고 곧바로 근처 쓰레기통에 버린다. 신문은 읽은 후 무조건 분리수거함에 넣는다. 청구서는 받는 즉시 수납하면 좋지만 여의치 않을 수 있으므로 자동 이체를 신청하는 것이 제일 좋다. 지금 바로 자동 이체 서비스를 신청하자. 세금 신고를 혼자 하기엔 너무 벅차 자꾸 미루게 되어서 각종 명세서가 계속 쌓인다면 과감하게 도움을 청해 보자. 주변에 친구나 지인이 없다면 전문가에게 도움을 요청하는 것도 한 가지 방법이다.

요즘은 편지를 쓰는 사람이 거의 없지만 가끔씩 연말연시에 카드를 보내는 사람들이 있다. 이메일이나 문자 메시지보다 정겹고 사람 사는 정이 느껴지기 때문이다. 그렇지만 카드를 사고 우표를 붙이는 등 수고로움이 필요한 탓에 자꾸만 답장을 미루게 된다면 소박하게나마 이메일이나 문자로 인사하는 것도 나쁘지 않다.

감정적 문제의 해결책은 앞서 소개한 실천 노트와 다르지 않다. 감정의 정체를 파악하는 것이 먼저다. 피하고 싶은 공간을 떠올리면 어떤 감정이 드는가? 자신의 감정을 아주 정확하게 탐색하는 것이 중요하다. 감정의 정체가 파악되면 그것에 이름을 붙이고 글로 적어 봐야 한다. 이 감정이 중요한 길잡이다. 우리의 기억과 신념에 대해 많은 것을 말해 주기 때문이다. 그리고 나서 적극적으로 감정에 대응하고 그것을 우리 삶으로 끌어들이면 불쾌하던 감정도 힘을 잃을 것이다.

예를 들어 보자. 세금 신고는 생각만 해도 골치 아픈 일이다. 안내문을 읽어 봐도 무슨 소리인지 모르겠고 어디서부터 어떻게 해야 할지 막막하다. 그러나 당신은 지금껏 무슨 일이든 '외로운 전사'를 고집하며 홀로 맞서 싸웠다. 그러다 보니 신고 기한을 놓쳐 벌금을 물거나 받을 수 있는 혜택을 놓치기 일쑤였다. 옆에서 보다 못한 지인이 나서서 도와주겠다고 손을 내밀어도 괜찮다고 뿌리쳤다.

그러나 이번만큼은 이 피하고 싶은 공간을 반드시 정리하고 말리라 다짐했다면 평소의 고집을 살짝 꺾어 보자. 자신의 한계를 인정하고 무슨 일이든 혼자 다 해결해야 한다는 고집을 버려야 한다. 남의 도움을 받는 것이 어떤 기분인지도 느껴 보고, 어떻게 하면 조금 더 수월하게 살 수 있는지도 경험해 봐야 한다. 예전에 도와주겠다고 말했던 지인에게 부탁해 보자.

그러나 이 모든 방법이 통하지 않고 도무지 앞이 안 보일 때는 전문가의 도움을 적극적으로 고려해 봐야 한다. 요즘은 정리 컨설팅 업체도 많고 심리 치료실도 다양하다. 거부감을 버리고 과감하게 도움의 손길을 찾아보자.

· 3장 ·
공간
정리

3장에서는 집 안을 깨끗하게 정리 정돈할 수 있는 구체적인 방법을 소개한다. 소개하는 방법들이 완벽하거나 유일하게 '옳은' 정리법은 결코 아니다. 그동안의 경험을 바탕으로 만든 내 나름의 아이디어와 해결 방안이므로 각자가 자신에게 맞는 부분은 받아들여 적용하고, 그렇지 않은 부분은 수정하면 된다. 다만 이 장에서 제안하는 아이디어와 해결책을 자극제로 삼아 서서히 습관을 바꿔 나가자. 습관을 바꾸면 더 이상 쓸모없는 물건을 집 안으로 끌어들이지 않을 것이고, 정리 정돈에 들이는 시간과 에너지도 훨씬 줄일 수 있다.

계획 짜기

임시 정리용품 마련하기

정리 컨설팅을 할 때마다 늘 임시 해결책이 유용한가 아닌가의 문제로 고민한다. 상황과 사람에 따라 다른데, 너무 무질서해서 정리할 엄두가 안 날 때는 임시로 박스나 바구니를 마련해 일단 대충 분류할 필요가 있다. 또 머릿속에서 정리가 잘 안되는 경우 여기저기 물건을 꺼내만 놓고 어찌할 바를 모를 때가 많다. 그럴 때는 임시 수납장을 마련해 일단 큰 범주별로 분류할 필요가 있다.

하지만 임시 해결책에 대한 반대 의견도 만만치 않다. 한 남성은 이렇게 반대했다. "저는 뭐든 완벽하지 않으면 안 돼요. 박스 하나도 완벽해야 하죠. 게다가 제 눈에 차는 건 전부 다 비싸요. 그래서 아예 처음부터 영원히 쓸 가구를 사야 해요."

또 한 여성은 이렇게 말했다. "우리 집 물건은 전부 임시 용품이에요. 대부분 얻은 것들이거든요. 공짜라서 받았는데 마음에 들지는 않아요. 저도 마음에 드는 예쁜 가구를 갖고 싶네요."

완벽하지는 않지만 값싼 수납용품으로 일단 정리를 시작해 물건의 제자리를 찾아 주는 방법이 편리하다. 임시로나마 대충 정리된 인상을 주므로 조금 더 편안한 마음으로 본격적인 정리에 박차를 가할 수 있다. 하지만 그 임시 용품이 붙박이처럼 영원히 집 안 한 귀퉁이를 차지해서는 안 된다. 그러므로 임시 수납용품을 장만할 때는 너무 비싸거나 무거운 것은 피하는 것이 좋다.

정리 수납용품 마련하기

몇 가지 수납용품을 장만하는 것도 정리 정돈에 많은 도움이 된다. 여기서 '몇 가지'라고 한 것은 정리 정돈이란 근본적으로 물건의 개수를 줄이고 소유의 욕망을 내려놓는 것이기 때문이다. 그렇지만 살다 보면 필요한 물건이 있고, 또 정말 아끼는 물건도 생기게 마련이다. 따라서 이 물건들을 잘 보관하고 필요할 때 편하게 꺼내 쓸 수 있는 수납 공간이 필요하다. 또 같은 종류의 물건을 한곳에 모아 두면 찾기도 쉽고 무엇을 갖고 있는지 파악하기 쉽다.

마음에 드는 수납 정리함을 장만하자. 꼭 비싼 것이 아니어도 된다. 요즘은 저렴하면서 디자인도 예쁜 것들이 많다. 각자 취향에 따라 마음에 드는 것으로 고른다. 물론 꼭 필요한 만큼만! 소중한 추억의 물건은 따로 '보물함'을 마련해 보관한다. 가끔은 벽에 못 하나만 박아도 잘 정리된다. 못에 자전거용 헬멧이나 가방을 걸면 아무 데나 던져 두는 것보다 훨씬 깔끔하다. 각자 편한 대로 물건의 자리를 찾아보자.

생활의 짜임새 갖추기

청소와 정리 정돈도 짜임새가 있을 경우 훨씬 수월하다. 다시 말해 계획을 잘 짜서 단계별로 차근차근 실행에 옮기는 것이다. 정한 시간이 지나거나 정한 과제를 다 실행하면 그 계획은 끝난다. 혼자서 계획을 짜기가 힘들다면 다음의 조언을 참고해 보자.

- 회사에 출근하는 것처럼 진지하게 정리 정돈에 임한다. 정리 정돈할 시간을 정해 일정표에 적고 다른 일정과 마찬가지로 정확하게 지킨다.
- 스케줄을 짤 때 가장 에너지가 넘치는 시간에 정리 정돈 일정을 넣는다.
- 정리 정돈 시간은 규칙적이되 짧아야 한다. 너무 길게 잡으면 빨리 지친다. 20분으로 정했다면 20분이 지나면 곧바로 하던 일을 멈춰야 한다. 목표를 낮춰 잡아야 성공의 경험이 쌓일 수 있고, 그래야 계속 힘을 얻어 정리 정돈을 꾸준히 해나갈 수 있다.
- 정리를 시작하기 전에 방해 요소는 미리 제거한다. 휴대전화는 전원을 끄고 집 전화는 자동 응답으로 돌려놓는다.
- 정리하면서 음악이 듣고 싶다면 일에 어울리는 음악을 고른다. 신나는 음악으로 기운을 돋우는 것도 좋다. 조용한 것이 좋다면 음악을 끄고 정리에만 집중한다.
- 가족과 함께 산다면 방해받지 않도록 미리 부탁한다. 할 이야기가 있다면 정리가 끝난 후 해달라고 한다.

- 가족이 도와주기를 기대하지 말자. 옆에서 거들어 줘야 한다고 생각하는가? 당신이 정한 목표이므로 스스로 해결해 보자. 시작하자. 지금 당장!
- 정한 시간이나 목표한 범위를 끝냈다면 휴식 시간을 갖는다. 잠시 긴장을 풀고 음악을 듣거나 책을 읽는다. 또는 그냥 가만히 앉아 아무것도 하지 않아도 좋다.
- 정한 시간이 끝났는데 계속 의욕이 넘친다면 다시 정리에 돌입해도 좋다. 다만 이때에도 시간이나 범위를 정해야 한다.
- 정한 일이 끝나면 아무리 짧은 시간, 좁은 범위였더라도 자신을 듬뿍 칭찬하자. 깨끗해진 서랍과 텅 빈 서가를 보며 빈 공간이 주는 여유를 즐겨 보자. 기념으로 사진을 찍는 것도 좋겠다.

욕실

'가장 쉬운 곳부터 시작하라'는 정리 정돈의 원칙을 따른다면 정리를 시작하기에 가장 적당한 장소가 바로 욕실이다. 보통 이곳에 있는 물건은 정서적 애착이 크지 않다. 욕실은 아침에 눈을 뜨면 제일 먼저 사용하는 공간이다. 이곳에서 하루를 시작하고 몸을 가꾼다. 따라서 잘 정리된 깨끗한 욕실은 하루를 상쾌하게 시작할 수 있게 도와준다.

　욕실 수납장이나 서랍에 든 물건을 전부 다 꺼내자. 그리고 수납장이나 서랍을 깨끗하게 닦은 후 물건을 하나씩 살펴보며 버릴지 다시 넣을지 선택한다. 아마 마개 달린 튜브, 크림 통, 스프레이 등이 여러 개 널려 있을 것이다. 미처 다 쓰지 않고 새것을 뜯는 바람에 그냥 방치해 둔 것도 상당할 것이다. 그런 물건들을 골라내 쓰레기통에 버리자. 새 제품은 나눔함에 넣는다. 하지만 화장품은 유통기한이 있기 때문에 잘 보고 너무 오래된 것은 버려야 한다. 언제 산 것인지 기억조차 가물가물한 것은 절대로 다른 사람에게 기쁨을 줄 수 없다.

뜯어 놓고 안 써서 먼지만 잔뜩 덮어쓴 화장품도 집집마다 한두 개가 아닐 것이다. 하나씩 집어 들고 작년에 몇 번 썼는지 되짚어 보자. 아마 즐겨 쓰는 립스틱은 두세 개, 파우더도 한두 개 정도밖에 안 된다는 사실을 깨닫게 될 것이다. 적을수록 좋다. 자신에게 맞는 제품을 골라 최소한만 사용하자. 오래되었거나 자신에게 맞지 않아서 거의 쓰지 않는 제품이라면 과감하게 버려라. 화장 붓, 빗, 면도기도 마찬가지다. 제일 아끼는 제품 한두 개만 빼고 나머지는 전부 다 버려라. 어차피 안 쓴다.

집집마다 화장품이나 샴푸, 향수 샘플도 정말 많을 것이다. 길거리에서 나눠 주기에 무심코 받아 왔거나 화장품을 살 때 판매원이 쇼핑백에 넣어 준 것들로, 막상 집에 와서 어디다 둘지 고민하다가 아무 데나 팽개쳐 놓은 것이다. 이런 샘플들은 내용물은 적고 포장만 크기 때문에 환경에 유해한데다 비실용적이다. 또한 일단 한 번 뜯으면 반도 안 쓰고 아무 데나 던져 놓는 경우가 많다. 공짜로 얻은 것이기에 아무래도 크게 신경 쓰지 않는다. 이런 물건이 눈에 띄면 바로 쓰레기통에 버려라. 대부분의 사람들은 즐겨 쓰는 상표나 제품이 있다. 따라서 길거리에서 나눠 주거나 상점에서 써보라고 권할 때 아예 거절하는 것이 제일 좋다. 자기도 모르는 사이 쇼핑백에 딸려 왔다면 다음에 그 가게에 갈 때 되돌려 주자. 원치 않는 화장품 회사의 광고 행사에 동원될 이유가 없다. 정말 꼭 써보고 싶은 샘플만 받아 온다.

　욕실에는 다양한 청소 세제가 있기 쉽다. 워낙 깔끔한 성격이라 세제라면 죽고 못 사는 사람이 아니더라도 정신을 차려 보면 어느새 욕실 가득 뜯어 놓고 안 쓰는 세제가 쌓여 있다. 이런 사태를 예방하기 위해선 한 가지 세제를 샀다면 다 쓸 때까지 절대로 다른 세제를 사거나 개봉하면 안 된다. 또 안 쓰고 방치된 세제는 눈에 보이는 즉시 버려야 한다. 하지만 이런 세제들은 대부분 환경에 매우 해롭기 때문에 하수구에 그냥 마구 부어 버려서는 안 된다. 별도의 처리 장소가 없다면 최대한 사용하는 편이 좋다.

　요즘에는 세제 종류도 다양해서 오염의 종류별로 세제가 있다. 하지만 내가 보기엔 다 의미 없다. 다목적 세정제, 변기 클리너 같은 기본 세제 한두 개면 충분히 깨끗한 욕실을 유지할 수 있다. 그러니 욕실 세제도 적을수록 좋다. 또한 욕실 세제는 떨어졌다고 해서 하늘이 무너지거나 사람의 목숨이 위태로운 위급 상황에 필요한 물품이 아니다. 슬리퍼 끌고 슬슬 걸어가기만 해도 편의점, 마트에 즐비한 것이 세제다. 굳이 집에 쌓아 놓고 살아야 할 이유가 없다. 세제는 마트에 맡겨 두고 집에는 더 소중한 물건에 그 자리를 내어 주자.

　필요한 화장품 외에는 다 버렸고, 먼지 낀 자리도 다 닦았고, 세제도 꼭 필요한 것만 남기고 다 정리했다면 어떻게 이 깨끗한 상태를 오래 유지할 수 있는지 생각해 본다. 특히 욕실에는 자잘한 물건들이 많아서 잠시만 방심하면 금방 어질러지고 먼지가 끼고 더러워진다. 그래서 욕실은 처음부터 청소하기 편하게 만들라고 권하고 싶다. 즉, 밖에 나와 있는 물건을 최소한으로 줄이고 가능하면 모두 수납장이나 거울장 안으로 집어넣는다. 선반에 물건을 놓아둘 때도 예쁜 플라스틱 통이나 바구니를 활용하면 좋다. 구질구질한 물건들이 보이지 않아서 깨끗하고 깔끔해 보이며 잘 정돈된 인상을 준다. 또 머리 끈이나 머리핀처럼 자질구레하면서 용도가 비슷한 물건은 하나의 용기에 같이 담아야 한다. 긴 통에는 화장 붓을, 또 다른 통에는 빗을, 작은 상자에는 면도 용품들을 모아두는 식이다.

쾌적한 분위기 조성에는 색깔의 역할도 무시할 수 없으므로 수건도 평소 좋아하는 색으로 골라 비슷한 색깔로 맞추고, 샤워 커튼도 비슷한 색깔의 깔끔한 디자인으로 골라 욕실 분위기를 바꿔보면 좋을 것이다.

부엌

부엌은 집에서 없어서는 안 될 중요한 공간이다. 그야말로 온 식구를 먹여 살리는 공간이기 때문이다. 식재료를 보관하고, 맛있는 요리를 하며, 온 가족이 모여 즐겁게 식사하고 대화를 나누는 공간이기 때문이다.

도구의 개수 줄이기

부엌이야말로 온갖 물건이 쌓이기 쉬운 곳이다. 일단 두 사람이 살림을 합치면 가장 많이 겹치는 물건이 부엌살림이다. 결혼 선물, 생일 선물로 받은 예쁘지만 실용성은 떨어지는 부엌살림은 또 얼마나 많은가. 거기에 해외여행 중 독특한 디자인에 끌려 산 살림살이, 충동구매한 주방용품, 세일할 때 싼 가격에 혹해서 집어 온 접시까지, 그야말로 살림살이가 넘쳐 난다.

특히 독일 기업들은 '생활을 무척 편리하게 만들어 준다'는 각종 주방용품들을 개발해 판매에 열을 올린다. 정말이지 없는 제품이 없다. 채소 요리, 고기 요리 등 요리의 종류에 따라 각종 제품이 나와 있다. 광고는 그런 초현대식 제품들을 사용하지 않고서는 현대인이라 할 수 없다고 부추긴다. 정말로 그럴까?

부엌은 한번 쓱 훑어보는 것만으로도 몇 가지는 쉽게 정리할 수 있다. 중복되는 소형 전자 제품이나 주방용품, 거의 사용하지 않는 조리 도구는 과감하게 버려도 된다. 개인용 오븐 접시, 쟁반, 샐러드 접시, 병따개, 몇 년 동안 온갖 크기의 보관 용기를 가득 넣어 두었던 서랍도 대대적인 청소가 필요하다. 한 번에 몇 개의 빵을 굽는지, 동시에 몇 개의 보관 용기가 필요한지 곰곰이 따져 보면 꼭 필요한 도구의 개수를 파악할 수 있다. 크기가 같은 여러 개의 냄비나 프라이팬도 이런 식으로 따져 봐야 한다. 꼭 필요한 제품이나 매일같이 쓰는 조리 도구도 많겠지만 지금까지 단 한 번도 안 쓴 것도 수두룩할 것이다.

'지난 일 년간 한 번도 안 쓴 것이 무엇인가?' 대부분의 사람들에겐 이 질문이 정리 정돈하는 데 큰 도움이 된다. 싱크대 안을 쓱 훑어보면 정말 한 번도 안 쓰고 내버려 둔 물건들이 적지 않을 것이다. 접시나 찻잔도 자리만 차지할 뿐 안 쓰는 것들이 많다. 한때는 매일 사용했지만 더 고급스러운 디자인의 제품을 사는 바람에 방치해 놓은 식기는 또 얼마나 많은가.

정상적으로 작동하지만 여러 개가 있어서 버려야 하는 소형 가전제품은 나눔함에 넣자. 샌드위치 만드는 기계, 고구마 구이용

냄비처럼 특수한 용도로 샀다가 거의 안 쓰는 제품들도 나눔함으로 보낸다. 망가진 식기는 쓰레기통으로 가야 하지만 고장 난 전기 제품은 소형 가전제품 재활용함에 넣어 다시 쓰일 수 있는 기회를 주자.

부엌 정리는 이렇게

사실상 부엌의 중심은 냉장고와 전자레인지, 작업대와 개수대 사이의 공간이다. 이곳은 자주 사용하는 물건이 금방 손에 닿는 곳에 놓여 있어야 한다. 동선을 최대한 줄이고, 쓸데없이 허리를 굽혔다 폈다 하지 않도록 식기나 주방 도구를 배치해야 한다. 거의 사용하지 않는 가재도구나 큰 냄비, 접시는 싱크대 제일 위 칸이나 수납장에 보관한다. 냄비는 냄비끼리, 접시는 접시끼리, 종류별로 모아 둬야 다른 가족들도 찾기 쉽다. 서랍을 정리할 때는 공간을 세분하는 정리용 칸막이를 사용하면 좋다.

많은 가정에서 부엌 작업대는 골칫거리다. 자석처럼 끌어당기는 마력이 있는지 온갖 물건들이 놓여 있다. 신문지, 영수증, 광고 전단지, 장신구, 꽃, 물컵, 식기, 과일 접시, 볼펜, 휴대전화, 머플러, 동전 등이 어느새 둥지를 틀고 있다. 그 때문에 작업대가 작업을 할 수 없는 공간이 된다. 밥 한 끼 만들려면 시간을 들여 치워야 하고, 또 치워 봤자 별다른 차이도 없다. 그렇게 공간이 협소하고 걸리적거리는 것이 많으면 당연히 요리가 즐겁지 않다.

이렇게 해보자. 작업대를 깨끗하게 치운 다음 요리를 해보는 것이다. 아무것도 없는 깔끔한 작업대에서 요리하는 즐거움이 어떤지 몸소 느껴 본다. 빈 공간이 주는 행복에 흠뻑 빠져 본다. 많은 사람들이 작업대에 자주 사용하는 조리 도구나 장식품을 놓아둔다. 하지만 이것들 역시 공간을 많이 차지하고 지저분한 느낌을 주며, 먼지가 쌓여 청소에 시간을 뺏기게 만든다. 작업대에 놓인 물건을 최소한으로 줄이자. 자주 쓰는 냄비라도 싱크대 찬장이나 수납장으로 옮겨 작업대를 비우자.

저장하지 않기

내가 아는 많은 사람들이 생필품을 차곡차곡 저장해 두고 산다. 요즘 집들은 수납장도 큰데다 평수가 넓은 집들은 부엌에 창고가 따로 붙어 있다. 예전에는 그런 공간이 참 의미 있었다. 가을에 월동 준비를 해서 저장해 둔 식품으로 겨울을 나곤 했으니까. 하지만 지금은 '마트의 시대'다. 코앞에 슈퍼와 편의점이 널려 있고, 조금만 차를 타고 나가면 어마어마한 규모의 대형 마트들이 곳곳에 있다. 굳이 집에 먹거리를 쌓아 둬야 할 이유가 없는 것이다.

    물건이 쌓여 있으면 공간이 협소해지는 것은 물론이고 집에 무엇이 있는지도 잘 파악되지 않는다. 뒤로 밀려난 것이나 밑에 깔린 것은 미처 눈길이 닿지 못해 유통기한을 넘기거나 상한다. 우리는 음식은 버리는 것이 아니라는 소리를 들으며 자랐다. 음식 버리면 벌 받는다는 소리도 많이 듣는다. 그러다 보니 먹지 않는 음식도 버리지 못하고 일단 쟁여 두게 된다. 그렇지만 더 맛있고 더 신선한 음식이 눈앞에 있는데 묵은 음식에 손이 안 가는 것은 너무나 당연하지 않은가. 그러므로 부엌 수납장이나 창고는 정기적인 대청소가 필요하다. 일 년에 한두 번은 유통기한과 상태를 점검해 너무 오래되었거나 상한 음식은 버려야 한다.

냉장고 역시 과도한 저장을 부추긴다. 냉장고에 넣어 두면 쉽게 상하지 않을 것 같아서 내용물에 더 무심해진다. 하지만 냉장고 안에서 상한 음식들은 몸에 더 좋지 않다. 곰팡이 포자가 냉장고 속을 떠다니며 더 큰 해를 입힐 수 있다.

처음부터 너무 많은 음식을 사지 않도록 조심해야 한다. 그러기 위해서 아래의 몇 가지 유의사항을 참고하자.

- 장보러 가기 전에 꼭 필요한 것이 무엇인지 목록을 작성한다.
- 배가 고플 때 장을 보지 않는다.
- 충동구매의 습관을 줄이자. 마트에서 충동구매로 물건을 샀다면 다른 물건을 줄여 목록에 적은 물건의 개수를 초과하지 않도록 한다.
- 매일 장보지 마라. 시간도 많이 들지만 무엇보다 매일 나오는 신상품에 유혹당할 수 있다.
- 공산품은 일주일에 한 번 필요한 것을 한꺼번에 구입하고, 신선식품은 일주일에 한두 번 소량으로 구입한다.
- 꼭 필요한 만큼만 구입한다. 그래야 상할까 봐 억지로 먹어 치우는 고역을 피할 수 있다.

- 식품의 저장량을 미리 정한다. 예를 들어 일주일 동안 온 식구가 먹는 치즈, 요구르트, 국수 양을 계산해 기록해 두는 것이다.
- 장보기 전에 집에 남아 있는 식품의 양을 미리 점검하고 모자란 양을 장보기 목록에 적는다. 반드시 그 양만큼만 사야 한다. 몇 주에 한 번씩은 계산한 양이 맞는지, 남지는 않는지 점검하여 그때그때 필요한 양을 조정한다.
- 살다 보면 집에 식재료가 떨어질 때도 있다. 그렇다고 요리를 못 하는 것은 아니다. 파가 없으면 양파로 대체하면 된다. 걱정하지 마라. 내일은 내일의 마트가 문을 열 것이니!

창고나 냉장고를 청소할 때는 속에 든 물건을 다 꺼내야 한다. 상한 것은 버리고 창고와 냉장고도 깨끗하게 닦아야 한다. 상태가 좋은 물건을 다시 넣을 때는 '유유상종'의 원칙을 잊지 말자. 곡물은 곡물끼리, 제빵용 식품은 제빵용 식품끼리 묶어 보관해야 한눈에 파악할 수 있다. 냉장고도 칸을 나누어 비슷한 종류끼리 모아서 보관하는 것이 좋다.

일단 포장을 뜯은 제품은 끝까지 먹는 습관을 들이자. 새 제품을 사면 기존 제품의 뒤에 놓아서 뜯은 제품이 먼저 눈에 보이도록 한다.

옷장과
신발장

'옷장에 옷이 넘쳐 나는데 정작 입을 옷은 없어요.' 얼마 전에 이런 글귀가 적힌 엽서를 발견하고 당장 사서 우리 벼룩시장 차에 붙여 놓았다. 아마 다들 공감하며 고개를 끄덕일 것이다. 옷장은 넘쳐 나는데 문을 열고 들여다보면 대체 뭘 입어야 할지 모르겠다. 그야말로 너무 많아서 하게 되는 고민이다. 계절마다 바뀌는 유행, 파격 세일, 충동적인 구매욕이 옷을 버리지 못하게 막는 마음의 걸림돌과 결합해 옷장을 넘치게 한다. 도무지 그 안에 뭐가 있는지도 모를 정도로 꽉 차다 보니 밑에 깔린 옷들은 잊혀진 채 쓸쓸한 여생을 보낼 수밖에 없다. 옷은 입으라고 만든 물건이다. 인간의 몸을 따뜻하게 하고 꾸미고 기쁨을 주기 위해 만든 물건이다. 원래의 제 기능을 다하는 옷들만 걸린 옷장을 만들기 위해 우선 옷에 대해 몇 가지 생각해 볼 필요가 있다.

당신의 옷장을 한번 살펴보자. 어떤 옷을 입을 때 가장 편안한가? 어떤 색깔의 옷을 좋아하는가? 평소 아끼는 옷들은 무엇 때문에 당신의 사랑을 받는 것일까? 실용적이고 편안한 옷을 좋아하는가, 아니면 우아한 스타일을 좋아하는가? 캐주얼한 옷을 좋아하는가, 아니면 정장을 좋아하는가? 단색 옷을 좋아하는가, 아니면 다채로운 색깔의 화려한 옷을 좋아하는가? 당신이 원하는 스타일은 어떠하며 그 이유는 무엇인가?

몇 년 동안 걸려 있었지만 안 입는 옷을 자세히 살펴보자. 당신은 왜 그 옷을 안 입을까? 무엇이 못마땅한가? 그 옷을 입으면 어떤 느낌이 드는가? 계속해서 질문을 던지다 보면 어느새 자신이 정말 좋아하는 것과 그렇지 않은 것을 구분할 수 있게 된다. 너무 비싸서, 선물 받아서, 혹은 거의 새것이라서 양심의 가책 때문에 버리지 못한 옷들을 금방 골라낼 수 있다. 옷의 경우 특히 양심의 가책이 정리 정돈을 가로막는 큰 장애물이다.

과거의 내 모습과 그릇된 신념 역시 큰 장애물이다. '날씬하지 않으면 살 가치도 없어' '젊을 때 몸매를 평생 유지해야 해. 안 그러면 매력이 없거든'과 같은 그릇된 신념은 스스로를 평생 다이어트의 노예로 살게 하며, 자책감에 시달리게 만든다. 젊을 때 입던 옷을 평생 간직한 채 그때는 얼마나 날씬했던가를 끊임없이 떠올리게 만든다. 거기서 멈추지 않는다. 마음의 목소리는 '다시 그 시절로 돌아가야 해. 너무 나태해졌어' 등의 말로 채찍을 휘두른다.

나는 그런 사람들에게 이제 그만 자신의 몸과 화해하라고 권하고 싶다. 나이는 그냥 먹는 것이 아니다. 세월은 날씬한 몸보다 더 소중한 경험과 지혜를 선사한다. 왜 그 세월을 부인하려고 하는가? 과거에 미련 두지 말고 현재의 삶을 즐기자. 당신의 몸이 변했다는 사실을, 절대로 예전으로 돌아갈 수 없다는 사실을 받아들이자. 자신에게, 자신의 몸에 지금 입어서 편한 옷을 허락하자. '~하면 입어야지'라는 조건이 붙은 옷은 과감하게 버리자. 양심의 가책도 함께 버리자.

옷은 나를 둘러싼 환경의 표현이다. 내 취향에 따라 마음대로 선택한다고 생각하기 쉽지만 사실 옷도 다른 사람의 눈에 어떻게 보이고 싶은가에 대한 한 가지 답인 것이다. 그래서 '옷이 날개다' '옷이 사람을 만든다' 같은 말을 한다. 우리가 별 뜻 없이 구입한 옷 한 벌에도 주변 사람들이 우리에게 거는 기대가 숨어 있는 것이다. 또 사실 대다수의 직장에는 암묵적인 의복 규정이 있다. 그래서 자신과는 어울리지 않지만 이런저런 이유 때문에 장만한 옷들이 생길 수밖에 없다. 또한 사회적 역할을 보여 주기 위해서 특정한 옷을 입어야 한다는 고정관념 때문에 장만한 옷들도 있다. 그러다 보니 거의 입지도 않으면서 같은 종류의 옷이 여러 벌 옷장에 걸려 있을 수 있다. 이럴 땐 '이 옷은 내가 즐겨 입는 옷과 무엇이 다른가?' '이 옷은 어떤 기능이 있는가?' 같은 질문을 통해 스스로 점검할 필요가 있다. 사회 규범에 얽매이지 마라. 자신에게 맞지 않는 옷은 버리고 입었을 때 편한 옷들로 옷장을 채우자.

유행은 항상 돌고 돌기 때문에 언젠가 또 입을 수 있을 거라 기대하며 옷을 보관하는 사람들도 적지 않다. 그들에게 그 어느 곳보다 편해야 할 집을 복고풍 의류 창고로 만들지 말라고 조언해 주고 싶다. 설령 언젠가 유행이 다시 돌아온다 하더라도 절대 예전과 똑같지 않다. 패션 기업들도 먹고 살아야 한다. 그러니 아무리 복고풍이라 해도 옛날 옷과 비슷한 것 같으면서도 절대로 옛날 옷을 그대로 입을 수 없도록 새로운 디자인을 선보인다. 그리고 20년 후면 어차피 몸에 맞지도 않다. 나이가 들면 몸도 변한다. 손녀에게 입히겠다고도 하지 마라. 손녀도 자신만의 스타일이 있고 자기 선택권이 있다. 지난 2년간 한 번도 입지 않은 옷은 앞으로도 입지 않을 확률이 높다. 입지 않는 옷은 버리고 공간을 만들어 당신이 아끼는 옷들이 편안하게 숨 쉴 자리를 마련해 주자.

새로 산 구두는 평균적으로 4켤레 중 3켤레가 발에 안 맞는다고 한다. 가게에서는 너무너무 편했는데 가게를 나와 몇 분쯤 걷고 나면 슬슬 불편함이 느껴진다. 당신은 안 그렇다고? 그렇다면 당신은 정말로 행운아다. 구두 회사의 평균 사이즈에 딱 맞는 복 받은 발을 가진 사람이다. 그렇다면 이 부분은 건너뛰어도 된다.

집 밖으로 신고 나갔으니 환불받을 수도 없다. 더구나 비싼 돈을 주고 샀고 거의 새것이다. 그러니 조금 더 신어서 길들면 나아질 것이라는 희망을 안고 계속 아픔을 참아야 할까? 그냥 신발장에 넣어 둘까? 사자마자 버리기엔 너무 아깝고, 아끼는 바지와 색깔도 어울리니 더욱 버릴 수 없다고 할 수도 있다.

그럴 땐 일단 구두 가게에 수선이 가능한지 물어보자. 구두의 뒤꿈치 부분을 두드려 가죽을 부드럽게 만드는 방법이 있다. 또 너무 꽉 죄는 부분은 플라스틱 제골기로 볼을 넓힐 수 있다. 큰맘 먹고 장만한 구두를 신지도 못하고 신발장에 모셔 두는 것은 얼마나 안타까운 일인가.

하지만 수선해도 소용없고 며칠 계속 신고 다녀도 여전히 아프다면 고민하지 말고 버리거나 중고로 팔거나 선물하자. 통증까지 참으면서 신어야 할 이유가 없다. 발에 안 맞는 새 신발의 가격보다 당신의 건강과 행복이 더 값지고 중요하다.

내가 아는 대부분의 사람들은 한 개의 가방을 거의 매일 들고 다닌다. 기껏해야 모임의 분위기에 따라 두서너 개를 바꿔 드는 정도이다. 그런데도 대부분의 사람들이 그 이상의 많은 가방을 집에 모셔 두고 산다. 예전에 열심히 들고 다니다가 마음에 드는 새 가방이 나타나서 고이 모셔 둔 가방, 들고 다녀 보니 불편해서 집에 둔 가방. 가방도 공간을 잡아먹는 괴물이다.

옷장 정리 비법

두 가지 옷장 정리 방법을 소개한다. 첫 번째 방법은 옷장과 서랍장을 한 칸씩 차례차례 정리해 나가는 것이다. 원칙은 1장의 〈결핍의 경험, '언젠가 쓸 데가 있겠지'〉에서 자세히 소개한 바 있다. 범위를 정해 조금씩 꾸준히 정리해 나가면 지치지 않고 목표를 이룰 수 있다.

보다 빠른 방법을 원한다면 옷장에 든 옷을 하나도 빼놓지 않고 몽땅 꺼내 침대에 펼친다. 그 외에도 거실에 던져 놓았던 재킷, 다락방에 올려놓았던 철 지난 옷가지 등 집 안 곳곳에 널려 있는 옷을 다 들고 온다. 이렇게 하면 소유한 옷들을 한눈에 파악할 수 있다. 아마 예상보다 옷이 너무 많아서 깜짝 놀랄 것이다. 그중에서 얼마나 남겨야 할까?

둘 중 어떤 방법을 선택했든 옷을 하나씩 들고 스스로에게 물어봐야 한다. '내가 이 옷을 정말 좋아하는가?' '이 옷은 입으면 편안한가?' '앞으로도 계속 입을까?'

낡은 옷, 헤진 옷, 구멍 난 옷, 심하게 오염된 옷은 과감하게 버리자. 미련 없이 헌 옷 수거함이나 쓰레기봉투에 넣어라. 작업복으로라도 입고 싶다면 최소한의 것만 골라라. 그리고 얼마나 자주 입을 것인지 꼼꼼히 따져 본다.

양말과 스타킹은 서랍이나 수납함에 넣어 밖으로 삐져나오지 않게 한다. 팬티는 수납함에 한 장씩 넣으면 꺼내 입기가 편리하고, 셔츠나 블라우스는 옷걸이에 걸어 둬야 주름이 안 생긴다. 넥타이나 스카프도 따로 걸어서 보관한다. 요즘엔 수납용품들이 다양하기 때문에 조금만 관심을 가지면 깔끔하고 깨끗한 옷장을 유지할 수 있다. 물론, 모든 것의 시작은 버리고 비우는 것임을 잊지 말자.

거실과
서재

거실과 서재의 정리 정돈에서는 몇 가지 영역을 구분했다. 벼룩시장을 운영하고 정리 컨설팅을 하면서 가장 자주 이야기한 영역들이다.

책

"책은 못 버리겠어요." 정리나 청소 이야기가 나올 때마다 정말 많이 듣는 말이다. 어찌나 많이 들었던지 나는 가끔 책에 대한 집착이 인간의 유전자에 새겨져 있는 것이 아닐까 의문스러울 때도 있다. 사람들은 좋은 책, 나쁜 책, 재미있는 책, 따분한 책, 쓸모 있는 책, 쓸모없는 책 등 책이라면 종류를 불문하고 절대 버릴 수 없다고 말한다. 요즘 같은 인터넷 시대에 마음만 먹으면 얼마든지 교환하거나 중고로 팔 수도 있는데, 죽어도 책은 안 된단다.

너무 궁금해서 이유를 물어봤더니 여러 가지 이유를 말했다. 일단 책은 교육의 핵심 수단이고 교육은 다시 권력과 돈을 얻는 중요한 수단이기 때문이라는 것이다. 교육이 일부 특권층에게만 허락되던 시절엔 책은 소중한 보물이었고, 심지어 손으로 일일이 베껴 전파되던 시절도 있었다. 당연히 대다수 민중은 교육을 받을 수 없었고 경제적으로나 법적으로 권력자나 부자들에게 완전히 예속되었다.

특히 벼룩시장을 찾는 할머니들의 경우 못 배운 한을 가슴에 품은 분들이 많다. 여자가 학교에 가고 대학에 갈 수 있게 되기까지 오랜 세월이 걸렸다. 따라서 책은 '보통교육'과 '기회 균등'의 상징과도 같은 존재다.

또한 많은 사람들이 책을 정신적 자유의 수단으로 생각한다. 책에서 자극을 받고 새로운 관점을 배울 수 있기 때문이다. 책은 내가 모르는 세계를 알려 주며 지식과 경험, 오락과 스릴의 보물 창고다. 책은 영혼을 살찌우며 발전을 독려한다.

하지만 나의 경험상 모든 책이 그렇지는 않다. 어떤 책은 오히려 영혼을 메마르게 하고 생각을 현혹시키며 따분하기 그지없다. 책을 읽는 사람은 원하는 책을 고를 자유가 있다. 무익하다고 판단한 책을 버리는 것은 검열이 아니다. 검열은 권위적인 국가 기관이 국민의 비판 정신을 무디게 하려고 국민의 눈을 가리는 비열한 짓이다. 하지만 독자는 마음에 들지 않는 책을 처분할 수 있는 자유를 가진 개인일 뿐이다. 책을 버리는 것은 남이 쓴 글을 나름의 기준으로 판단하고 평가하는 행위인 것이다.

사람들은 책을 정체성과도 연결 짓는다. 집에 있는 모든 책에 자신의 역사와 정체성이 담겨 있다고 생각한다. 그래서 중요하다고 생각하는 책, 기억에 오래 남는 책, 새로운 세상에 눈을 뜨게 해준 책, 행복한 시간을 선사했던 책은 고스란히 모아 둔다. 서가는 과거의 보물 창고이자 일종의 자랑거리인 셈이다. 집에 온 손님들에게 책을 통해 이런 말을 하고 싶은 것이다. '이 책들을 보세요. 이게 전부 나예요.'

서가를 줄이고 싶지만 사랑하는 책과 작별하기가 쉽지 않다면 책에 담긴 사상과 지식은 이미 당신의 것이 되었다는 사실을 기억하라. 우리를 만드는 것은 우리가 가진 책이 아니라 우리의 생각과 가치관, 하루하루의 행동이다. 사람들은 무엇보다 우리의 행동을 보고 우리를 판단한다.

또 하나 명심해야 할 사실은 책은 누군가 읽어 줄 때 비로소 제 기능을 다 한다는 점이다. 서가에 꽂힌 책은 '무생물'이며 먼지 귀신이다. 책을 선물했을 때 상대가 그 책을 읽어야 책이 다시 제 가치를 되찾는다. 읽혀야 그 사람에게 자극과 웃음, 생각할 기회, 긴장과 공감을 줄 수 있다.

며칠 있으면 또 누군가의 생일이다. 한 번 읽은 책은 새 책과 다름없다. '내가 쓴 물건을 어떻게 선물로 줄 수 있나' 하는 생각을 버려라. 당신이 읽은 책도 좋은 선물이 될 수 있다. 오히려 새 책보다 더 좋은 선물이 될 수 있다. 당신이 읽고 내용을 확인했기 때문이다.

'그래도 아끼는 책을 어떻게 버려요?' 하는 사람이 분명 있을 것이다. 물론 버리지 않아도 된다. 하지만 정리 정돈을 하고 싶다면 집에 있는 그 많은 책들 중 정말 '아끼는 책'이 무엇인지 정확히 구분해야 한다. 집에 있는 책이 전부 다 아끼는 책인가? 책장 뒤편으로 밀려나 아무렇게나 꽂힌 책들도 아끼는 책인가?

이렇게 정리하자. 일단 책장과 서가에 꽂힌 책을 전부 다 꺼내고 책장을 깨끗이 청소한다. 책을 한 권씩 들고 이 책을 소장하면 행복할까 생각해 보며 다시 책장에 꽂을지 결정한다. 이번 기회에 스스로에게 질문도 던져 보자. 다른 사람들에게 꼭 소개해 주고 싶은 책은 어떤 책인가? 어떤 책을 누구에게 주고 싶은가?

실용서는 시간을 타는 책이다. 예전에 유용했던 정보가 지금도 꼭 유용하다는 보장이 없다. 따라서 지금도 유익한지, 최신 정보인지, 흥미로운 주제인지를 살펴야 한다. 이 책을 버린 후 다시 책 속 정보가 필요할 경우 어떤 경로로 찾을 수 있는지도 고민해 봐야 한다.

지금 당신이 읽고 있는 이 책도 마찬가지다. 여기까지의 내용에 당신에게 유익한 정보가 없다면 다른 사람에게 주거나 과감히 쓰레기통에 던져 버리자. 읽기 시작했다고 꼭 끝까지 읽어야 할 의무는 없다. 하지만 유익한 내용이 조금이라도 있다면 계속 읽으면서 이 책에서 소개한 실천 노트를 적극 응용해 보자.

작업 공간

직업상 집에서 일하는 사람이라면 서재를 만들거나, 여유가 없다면 칸막이를 쓰더라도 작업 공간을 생활 공간과 명확히 구분하라고 권하고 싶다. 작업 공간과 생활 공간이 겹치면 쉬는 시간에도 일거리가 보이기 때문에 마음 편히 쉴 수 없다. 집에서 일하지 않는 사람이라도 서류를 작성하거나 개인적인 편지를 쓸 때 서재나 책상이 있으면 집중해서 얼른 일을 처리할 수 있다.

종이 더미가 쌓이는 가장 큰 원인은 보통 매일 날아오는 우편물 때문이다. 우편물은 받는 즉시 뜯어서 버릴 것과 보관할 것을 구분하는 것이 좋다. 봉투를 뜯어 얼른 살펴보고 광고지 같은 것이면 즉각 휴지통에 버린다. 이렇게 하면 우편물로 인한 종이 더미의 3분의 1은 그 자리에서 줄일 수 있다. 그다음으로 2단짜리 작은 서류함을 장만해 아래 칸에는 철해 둘 서류를, 위 칸에는 정리가 필요하거나 가족과 상의해야 할 서류를 분류해서 보관한다. 그리고 일주일에 하루 시간을 정해서 철할 것은 철하고 상의할 것은 상의한 후 서류함을 비운다. 서류함은 최대한 빈 상태를 유지해야 하며, 처리에 시간이 많이 필요한 서류를 제외하고는 그 안에 두지 말아야 한다.

파일에 철할 때도 꼭 필요한 것인지 다시 한 번 생각해야 한다. 모든 서류와 편지를 보관할 필요는 없다. 우편물을 쓰레기통으로 던질 때 밀려오는 쾌감도 상당히 괜찮다. 한번 신나게 던져 보자.

책상에도 공간이 필요하다. A4용지 크기만 한 자리에선 아무

일도 할 수 없다. 마음껏 움직일 수 있는 공간을 마련하자. 책상에는 작업에 꼭 필요한 물건만 놓아둔다. 잡지나 옷, 음식물이 담긴 그릇, 콜라가 담긴 컵, 면도기 등은 책상에 있으면 안 된다. 장식품이나 액자도 최소화하자. 아무리 예쁘고 보기 좋아도 공간을 잠식당해 책상이 원래의 기능을 하지 못한다면 의미 없다.

자주 사용하는 물건들은 손 닿는 곳에 둔다. 필기도구는 자주 사용하는 것 몇 개만 통에 담아 책상에 올려 두고 나머지는 서랍에 집어넣는다. 자주 사용하는 파일은 최대한 책상 가까이에 둬 언제라도 편하게 꺼낼 수 있게 한다. 작업 동선을 줄이고 쓸데없는 물건을 없애야 일을 수월하고 빠르게 처리할 수 있다.

하루 날을 잡아 필기도구나 파일 등이 제 기능을 다하는지 점검해 보자. 예를 들어 모든 펜으로 종이에 글자를 써보면서 잘 써지는지 점검해야 한다. 망가진 것은 당장 버려라. 급하게 필기할 것이 있어 펜을 집었는데 안 써져서 짜증 났던 일이 한두 번이 아닐 것이다. 잘 써지고 디자인도 예쁜 것은 책상 서랍에 넣거나 책상 위 필기도구 통에 담는다. 아끼는 계산기가 고장 났다면? 새 계산기를 장만한 후엔 옛날 것은 바로 버리자. 제아무리 예쁜 계산기도 계산을 못한다면 무슨 의미가 있겠는가? 새것을 사기 전에는 옛날 계산기를 왜 그렇게 아꼈던지 가만히 생각해 볼 필요가 있다. 당신이 중요하게 생각하는 부분을 충족시켜 줄 계산기를 사야 한다. 싸다고 아무것이나 사면 쓰면서도 계속 찜찜할 것이고, 싼 것은 고장도 잘 난다.

자주 사용하는 파일은 깨끗하고 정갈한 상태를 유지해야 한다. 쓰던 것을 아까워서 못 버리고 계속 쓰다 보면 너덜너덜해져서 열고 닫기도 불편하고 안에 든 서류가 삐져나오는 등 정돈이 잘 안 될 수 있다. 그럴 땐 새것으로 교체하자. 겉장의 파일명도 여러 번 고쳐 써서 더러워졌다면 스티커를 새로 바꿔서 깔끔한 인상을 유지해야 한다. 파일을 살 때는 색깔에도 신경을 써야 한다. 한 가지 색으로 맞추면 차분한 분위기를 조성할 수 있고, 여러 가지 색깔을 쓰면 활기찬 분위기를 만들 수 있다.

이전에 받았던 교육이나 세미나 자료들은 과감하게 버리자. 이런 종류의 서류에는 그 당시의 땀과 노력이 담겨 있기 때문에 대부분의 사람들은 선뜻 버리지 못한다. 또 공부했던 자료라서 언젠가 쓸 데가 있을지도 모른다고 생각한다. 하지만 대부분은 교육 받은 후 한 번도 들춰 보지 않은 자료들일 것이다. 더구나 교육 받은 순서대로 묶어 두었기 때문에 주제별로 분류가 안 되어 있어 나중에는 어떤 자료가 어디에 있는지도 헷갈린다. 꼭 보관하고 싶다면 이 자료들을 몽땅 꺼내 주제별로 재분류해야 하지만 그 또한 무의미할 확률이 높다. 그 사이 더 실용적이고 유익한 자료가 많이 나와 있어 언제라도 도서관에서 필요한 자료를 찾아보면 된다. 또한 요즘은 하루가 다르게 정보가 업데이트되고 인터넷을 통해 웬만한 정보는 다 구할 수 있다.

편지와 기념품

상담을 하다 보면 지금까지 살면서 받은 편지를 하나도 버리지 않고 모두 모아 둔 사람들이 적지 않다. 학창 시절 친구와 주고받은 편지, 연애편지, 해외에 나간 가족이나 친구가 보내 온 엽서, 생일 카드, 축하 카드 등 누렇게 색이 바랬는데도 다 모아 둔다. 편지함을 마음먹고 깨끗하게 정리하고 싶은 사람이라면 아래에 소개하는 방법을 권하고 싶다.

친구가 보낸 편지, 학창 시절 편지 중 가장 대표적인 것, 혹은 가장 마음에 드는 편지 두세 통을 고른다. 당시의 우정을 추억하는 뜻으로 이것들만 남기고 나머지는 다 버린다.

해외에 나간 친구나 가족의 편지도 이런 식으로 두세 통만 고른 다음 나머지는 다 정리한다. 과거에 당신에게 아픔을 주었거나 좋은 기억으로 남아 있지 않은 사람의 편지는 고민할 것도 없다. 당장 버려라. 그런 편지는 간직해 봤자 좋을 것이 하나도 없다. 볼 때마다 스트레스를 받고 혈압만 오를 뿐이다.

예전의 연인과 주고받은 편지는 특별히 정성스럽게 보관하고 싶은 것을 고른다. 옛날 편지를 정리하면서 과거의 관계에서 해방되고 현재의 관계나 혼자인 삶에 더 충실하고 싶다는 생각이 들 것이다.

아이들에게 받은 생일 카드나 편지 등도 깨끗한 것 몇 개만 골라 파일 하나를 따로 준비해 아이들이 직접 그린 그림 몇 점과 같이 보관한다. 훗날 아이들이 다 자라서 어른이 되었을 때 함께 보

"예전에 어린이집 교사를 했었는데 몸이 안 좋거나 마음이 쓸쓸할 때는 아이들이 적어 준 쪽지를 본답니다. 삐뚤삐뚤한 글씨가 얼마나 예쁜지 볼 때마다 절로 웃음이 나오거든요. 그럼 마음도 한결 가벼워진답니다. 쪽지를 건네던 아이와 그 순간이 떠오르면서 정말 행복해져요."

면서 웃을 수 있는 소중한 보물이 될 것이다.

축하 카드나 크리스마스카드는 보통 가볍게 쓴 인사말들이 담겨 있다. 누군가 당신을 생각한 과거의 순간을 떠올리게 해주는 카드인 것이다. 그러므로 당신에게 소중한 의미가 있는 것은 간직하지만 굳이 다 보관할 필요는 없다. 이것들도 과감하게 처분하자. 엽서도 마찬가지다. 당신이 읽는 순간 카드나 엽서는 임무를 다했다. 그림이나 사진이 너무 예뻐서 장식용으로 잠시 붙여 둘 수는 있겠지만 시간이 지나서 색이 바래거나 먼지가 앉으면 과감하게 버려야 한다.

간직하고 싶은 편지나 카드 외에 모두 다 버렸다면 이제 남은 편지와 카드를 보관할 알맞은 장소를 마련해야 한다. 요즘에는 예쁜 편지 보관함이 많이 있다. 마음에 드는 것으로 골라 그 안에 다 보관하자.

다른 기념품이나 추억의 물건도 마찬가지다. 먼저 갖고 있는 기념품을 모두 꺼내서 펼친 후에 하나씩 점검해 보관 여부를 결정한다. 이때도 개수를 최대한 줄이려 노력해야 한다. 경험과 기억은 이미 당신의 마음속 깊은 곳에 자리한다. 굳이 그 물건이 아니더라도 당신의 소중한 기억이 되어 마음 한 곳에 고이 간직될 것이다. 그래도 꼭 간직하고 싶은 물건이 있다면 예쁜 '보물함'을 마련해 그곳에 담아 두자. 한 번씩 박스를 열어 물건을 꺼내 보면서 추억에 잠기는 것도 행복한 순간일 테니까.

장식품과 그림

한 해 두 해 세월이 가면서 어느새 온갖 그림들이 벽에 걸린다. 하지만 그림이 너무 많으면 눈에 띄지 않아 감상의 기능을 상실한다. 자잘한 장식품들도 너무 많으면 오히려 지저분하다. 한번 집에 걸려 있는 그림들을 모두 떼어 내고 벽이 텅 빈 집의 분위기가 어떤지 느껴 보라. 하얀 벽의 느낌이 어떤가? 이제 그림들 중에서 꼭 소장하고 싶은 몇 점만 고른다. 그 그림들만 다시 벽에 걸면 어떤 느낌인가?

　방마다 똑같은 방식으로 그림을 걸지 말고 변화를 시도해 보자. 어떤 방은 밝은색 그림을 걸어 화사한 분위기를 만들고, 어떤 방은 어두운 색감의 그림을 걸거나 그림을 걸지 않아 차분한 분위기를 연출해 보자.

　장식품도 같은 방법으로 정리한다. 몇 년 동안 같은 자리에 계속 놓아둔 장식품은 몇 개나 되는가? 그중에서 이제 그만 버려도 되겠다 싶은 물건은 어떤 것인가? 선물이라 의무감에 모셔 둔 물건은 없는가? 이런 것들은 처음부터 골라내서 쓰레기통이나 나눔함으로 보낸다. 그런 물건들만 골라내도 창턱이나 책장이 훨씬 깨끗해질 것이다.

남은 장식품은 모두 꺼내 남길 것을 하나씩 선별한다. 그리고 넓어진 빈 공간은 미래를 위해 비워 둔다. 앞으로 살면서 다시 많은 물건을 만나게 될 것이고, 공간이 여유로우니 기쁜 마음으로 그 물건들을 집으로 들여올 수 있을 것이다.

모두 다 꺼내 펼쳐 놓고 하나씩 선별하는 방법은 집이 너무 꽉 찼다는 느낌이 들 때 언제라도 할 수 있는 가장 바람직한 정리 방법이다. 물건이 너무 많으면 모두 제자리에 놓여 있어도 어딘지 모르게 어지럽고 정리되지 않은 인상을 준다. 반대로 창턱이나 책장에 한두 가지 물건만 가볍게 놓여 있으면 잘 정리된 깔끔한 인상을 준다.

지하실, 다락방, 베란다

집 안 대청소를 결심한 사람들에게 제일 골치 아픈 곳은 아마 지하실이나 다락방, 베란다일 것이다. 거실이나 방에서는 내보냈지만 아직은 버리고 싶지 않아 차곡차곡 모아 둔 물건들, 버리기엔 아까운 물건들, 언젠가 쓸지도 모를 물건들이 한가득 모여 있는 집합소일 테니까. 사실 다락방이나 베란다는 일종의 '안전지대'다. 이미 과거가 되어 버린 물건을 혹시 쓸까 봐 만약을 대비해 붙들어 둔 공간이기 때문이다. 완전히 버린 것도 아니고 그렇다고 다시 현재의 삶으로 불러오지도 않을 그런 물건들이 쌓인 공간.

그런데 지하실이나 다락방은 이상한 마력을 발산한다. 안 쓰는 물건들을 다락방에 올려 두고 까마득히 그 사실을 잊어 버렸지만 그 공간이 비좁다는 생각은 머릿속을 떠나지 않는다. 그래서 지하실이나 다락방, 베란다를 떠올리기만 해도 가슴이 답답해지고 머리가 아프다. 눈에 보이지는 않아도 늘 가슴을 짓누르는 큰 부담인 것이다. 오죽하면 '어느 집 지하실이나 시체 몇 구는 있다'는 서양 속담이 있겠는가? 그만큼 안 쓰는 물건을 쌓아 둔 지하실이나 다락방이 마음에 큰 부담으로 작용한다는 의미일 것이다.

지하실, 다락방, 베란다에는 어떤 물건을 보관해야 할까? 보관하기 적합한 물건을 정확하게 판단할 수 있다면 애당초 그 조건에 맞지 않는 물건은 집어넣지도 않을 것이다. 그럼 나중에 골치 아프게 다시 선별해야 하는 수고를 덜 수 있다. 다락방이나 베란다에 보관해야 하는 물건은 다음과 같다.

- 아이스박스, 스키용품, 물안경, 오리발 같은 계절용품. 공간의 습도가 높지 않다면 여름옷이나 겨울옷
- 전동 드릴 같은 대형 공구, 자전거 거치대, 사다리, 화구 등 자주 사용하지 않는 물건
- 작은아이가 자라면 물려줄 큰아이 옷과 장난감
- 가족의 취미 활동에 필요한 재료들

물론 이 목록이 모두에게 해당되는 정답은 아니다. 하지만 어떤 물건을 보관하든 반드시 그 전에 이곳에 보관하는 것이 꼭 필요하고 유용한지 꼼꼼히 따져 보자. 또 언제든 사용할 수 있는 물건만 보관해야 한다. 베란다는 고장 난 전기 제품이나 공구를 보관하는 고물 창고가 아니다. 당장 사용하지는 않지만 언제라도 사용할 수 있는 물건을 잠시 눈에 보이지 않도록 보관하는 장소이다. 따라서

필요할 때 쉽게 꺼내 쓸 수 있도록 잘 정리되어 있어야 한다. 무작정 쌓아 놓아 아래쪽 물건을 꺼내기 위해 위쪽 박스를 다 들어내야 한다면 아래쪽 물건은 쓰기 힘들 것이고, 그러면 보관하는 의미가 없다.

 잘 살펴보면 박스째 당장 버릴 수 있는 물건도 있을 것이다. 예를 들어 벼룩시장에 갖다 주려고 만들어 둔 박스, 아이들 입던 옷이 작아져서 친구에게 주려고 보관해 둔 박스 같은 물건이다. 생각난 김에 지금 당장 꺼내 벼룩시장으로 달려가라. 지금 당장 친구에게 전화를 걸어라. 고장 난 전기 제품, 말라비틀어진 물감은 쓰레기통이 제자리이다. 지금 당장 버려라.

전자 데이터

전자 기기의 기술력은 하루가 다르게 발전을 거듭한다. 기계의 크기는 날로 작아지는데 저장량은 몇 배씩 늘어난다. 콩알만 한 칩 하나에 저장할 수 있는 데이터의 양이 어마어마하다. 그것도 모자라 인터넷에는 엄청난 양의 데이터를 무료로 관리해 주거나 다운로드 받을 수 있는 사이트가 널려 있다. 이렇다 보니 개인이 수집할 수 있는 정보의 양은 한계가 없는 것 같다. 과연 우리의 뇌는 이런 무한의 데이터를 어떻게 정리할 수 있을까? 무한정 소유할 수 있는 현실은 쉽사리 탐욕을 일깨운다. 우리는 더 많은 것을 원할 뿐 자신이 정말로 원하는 것, 정말로 관심 있는 것이 무엇인지는 알지 못한다. 남들은 다 하는데 나만 안 하면 손해 보는 느낌, 나만 바보가 되는 것 같은 느낌도 이런 탐욕을 부추긴다.

생각 없이 클릭하던 손길을 잠시 멈추고 자신에게 물어보자. 나를 정말로 행복하게 만드는 것은 무엇인가? 어떤 노래를 들을 때 행복한가? 마음에 안 드는 노래를 모두 다 삭제한다고 해서 마음이 울적해질까? 어떤 영화가 재미있고 감동적이었으며 그중에서 꼭 다시 보고 싶은 영화는 무엇인가? 다시 보고 싶지 않다면, 다시 듣고 싶지 않다면, 다시 읽고 싶지 않다면 과감하게 지워라.

데이터 수집을 부추기는 또 하나의 기술 분야는 디지털 사진이다. 아날로그 시대에는 필름 값과 현상비를 생각하지 않을 수 없기 때문에 사진 찍을 때 신중했지만 디지털 카메라는 무료로 무한의 사진을 찍을 수 있다. 저장 기술도 간편해져 저장 카드가 다 차면 컴퓨터로 옮기기만 하면 된다. 예전엔 한 장면을 찍기 위해 셔터를 한 번만 눌렀지만 지금은 연속 촬영이 가능해져 한 장면에 적어도 서너 번씩 셔터를 누른다. 과연 우리는 그 사진을 몇 번이나 다시 볼까? 과연 우리가 여행에서 돌아온 후 카메라에 가득 담긴 사진을 일일이 살피며, 선별하고 삭제하고 저장하는 정성을 기울일까? 흔하고 많은 것은 관심을 끌지 못한다. 언제라도 더 멋진 사진을 찍을 수 있는데 굳이 과거의 사진 한 장을 보고 또 볼 이유가 있겠는가?

컴퓨터에 저장된 이메일과 서류의 양 역시 엄청나다. 용량이 초과되는 경우가 거의 없어 다들 별생각 없이 내버려 둔다. 하지만 대부분은 읽고 바로 삭제해도 전혀 상관없는 내용들이다.

컴퓨터에 저장해 둔 자료들도 별생각 없이 다운받아 내버려 둔 것이 적지 않다. 나중에는 뭐가 있는지조차 생각나지 않는, 그야말로 쓸모없는 것들이다. 이메일은 읽고 바로 삭제하는 습관을 들이자. 자료도 파일별로 잘 알아볼 수 있도록 정리해 두는 습관을 들이자. 필요 없거나 오래된 자료는 과감히 삭제하자. 처음에는 일이 많지만 일단 한 번만 정리해 두면 그다음부터는 시간이 훨씬 덜 걸린다.

인터넷 역시 데이터가 넘쳐 나는 공간이다. 트위터, 블로그, 페이스북 같은 가상 소통 공간과 소셜 네트워크의 시대에는 사용자의 역할이 특히 중요하다. 우리는 각자 얼마나 데이터를 생산하고, 그를 통해 '친구'들에게 얼마나 행복을 선사하는가? 얼마나 많은 댓글을 달고 얼마나 많은 정보와 사진을 실으며, 얼마나 자주 글을 올리고, 얼마나 자주 '좋아요'를 누를까? 우리 모두는 송신자이자 수신자이고, 생산자이면서 소비자이다. 모두가 남에게 글을 쓰고 남이 쓴 글을 읽는다. 그러나 친구, 가까운 지인, 먼 지인이 구분되지 않는 이 가상의 공간에서 '친구'나 '이웃'이라는 모호한 표현을 통해 너무 많은 것들을 나누고 너무 많은 데이터가 생산, 교환, 보관된다.

따라서 각각의 사용자가 좀 더 신중해져야 한다. 어떤 자료가 누구에게 중요한지, 누가 나에 대해 무엇을 알고자 하는지 꼼꼼히 확인하는 자세가 필요하다. 나는 하루에 글을 몇 개나 올리는지, 누가 내 의견에 얼마나 진심으로 관심을 보이는지도 살펴야 한다. 무한, 무료의 물결에 휩쓸려 나의 소중한 시간과 노력마저 무익하게 만들고 있는 것은 아닌지 늘 따지고 고민하는 습관을 기르자.

질서를 오래 유지하는
10가지 방법

열심히 버리고 쓸고 닦았다. 집 안은 깨끗해지고 넓어졌으며 마음도 한결 가벼워졌다. 그런데 며칠 후 다시 보니 집 안 꼴이 말이 아니다. 그동안의 노력이 물거품이 된 기분이다. 이런 허망한 결과를 만들지 않으려면 습관을 바꿔야 한다. 정리 정돈이 한 번의 이벤트가 아닌 일상이 되어야 한다.

  물론 해마다 한 번씩 봄맞이 대청소는 필요하다. 작년에는 아까워 버리지 못한 물건을 지난 일 년 동안 한 번도 안 썼다면 올해는 과감하게 버려야 한다. 해마다 이와 같은 점검이 필요하기 때문에 대청소 계획은 빼놓을 수 없다. 그러나 그 못지않게 일상생활에서 늘 정리된 상태를 유지하려는 노력도 함께 해야 한다. 작은 노력으로 정돈된 상태를 유지하는 비법이 있다. 지금부터 소개할 10가지 방법은 습관의 작은 변화를 필요로 한다. 일상의 행동을 조금만 바꾼다면 오래도록 깨끗한 상태를 유지할 수 있다.

1. 충동구매, 바겐세일, 재고떨이 조심하기

세상에는 유혹이 너무 많다. 편의점이 곳곳에 있고, 대형 마트에 할인점까지 눈길 가는 곳마다 물건이 쌓여 있다. 장을 보러 갔다가도 바로 옆에 바겐세일을 하는 옷들이 걸려 있으면 자신도 모르게 눈길이 멎고 손길이 간다. 마트 계산대 옆에 놓아둔 특별 할인 제품, 원래 가격 밑에 할인 가격을 적어 둔 묶음 상품, 계절별 재고 처리 상품들을 보면 수요가 공급을 창출하는 세상이 아닌 공급이 수요를 창출하는 세상이다. 우리는 쉽게 유혹당해 전혀 생각지 않던 물건을, 이미 갖고 있는 물건을, 저렴한 대신 수명이 짧은 물건을 집으로 들인다.

충동구매나 바겐세일, 재고떨이는 조심 또 조심해야 한다. 그런 물건을 볼 때마다 나도 모르게 뻗어 나가는 손길을 잠시 멈추고 '나는 이 물건을 언제, 어떻게 쓸 것인가?' '내일 다시 봐도 후회하지 않을까?' 하고 꼭 한 번 자문하는 습관을 들이자. '이 티셔츠는 몇 번 세탁하면 망가지지 않을까?' '이 토스터는 얼마나 오래 쓸 수 있을까?'와 같은 의문을 가져 보는 등 품질 확인도 필요하다.

할인을 앞세우는 제품일수록 철저히 따져 봐야 한다. 정말로 얼마나 돈을 아낄 수 있을까? 이 물건이 정가로 구입한 물건보다 얼마나 더 저렴할까? 얼마나 더 유용할까? 이 제품만의 장점은 무엇일까? 무엇이 특별한가? 이런 고민은 충동구매를 막고 확실한 손익 계산을 도와줄 것이다. '싸다는 말만 믿고 덥석 샀는데 나중에 보니 오히려 더 비싸게 샀더라' '싼 게 비지떡이라고 결국은 제값

주고 산 것보다 더 손해를 봤다' 등과 같이 후회하는 것을 막아 줄 것이다. 또한 집 안에 물건이 넘쳐 나는 사태를 막아 줄 것이다. 잊지 말자! 당신이 구매한 물건만큼 당신이 보살펴야 할 물건도 늘어난다는 사실을.

2. 비닐봉지와 쇼핑백 거부하기

지금 집에 있는 비닐봉지와 쇼핑백이 몇 개나 되는가? 그런 걸 누가 일일이 세어 보냐고? 그럼 이참에 한번 세어 보자. 아마 예상보다 훨씬 많이 쌓여 있을 것이다. 이 많은 비닐봉지와 쇼핑백을 어디에 쓸 것인가? 이 중에서 정말로 사용할 것이 몇 개나 될까? 아마 가게에서 집까지 들고 온 것이 유일한 사용처일 것이다. "쓸 수도 있잖아요."라고 말하는 사람도 있다. 맞는 말이다. 그럼 이제부터 비닐봉지와 쇼핑백을 사용해 보자.

핸드백, 배낭, 서류 가방 등 집에 있는 모든 가방에 비닐봉지와 쇼핑백을 하나씩 넣어 두자. 장바구니를 챙기지 않았는데 갑자기 물건을 사게 되었을 때 그 봉지를 사용하는 것이다. 그런데 보통 물건을 구매할 때 판매원들이 계산과 동시에 알아서 물건을 비닐봉지나 쇼핑백에 넣어 준다. 많은 사람들이 장바구니나 비닐봉지를 들고 다니지 않기 때문이다. 그럴 땐 얼른 "봉지 필요 없어요."라고 말하자. 그 말을 함으로써 당신은 두 가지 이익을 얻는다. 첫째, 비닐봉지와 쇼핑백이 줄어 집이 깨끗해질 것이다. 둘째, 우리의 환경이 정말 고마워할 것이다.

3. 아이디어 상품 경계하기

생활을 간편하고 편리하게 만들어 준다는 각종 아이디어 상품들이 하루가 멀다 하고 쏟아져 나온다. 고기 종류에 따라, 야채 종류에 따라, 써는 모양에 따라 사용하는 도구가 모두 다르다. 칼 종류만 해도 버터용 칼까지 따로 나올 정도로 종류가 매우 다양하다. 아이디어가 돈을 버는 세상이니 기업들도 다양한 제품으로 승부를 거는 것은 당연하다. 앞다퉈 독창적인 제품을 생산해 매력적인 광고로 수요를 창출한다.

하지만 예나 지금이나 단순한 것이 최고임은 만고의 진리다. 특수한 제품이 많을수록 물건의 개수는 늘어날 것이고, 그것을 관리하는 데 드는 에너지와 비용 역시 늘어난다. 욕실을 청소하는 데 대체 무슨 세제가 그렇게 많이 필요한가? 변기는 변기대로, 욕조는 욕조대로, 바닥은 바닥대로 다 따로따로 세제가 필요하다고? 다목적 세제 하나면 충분하다!

물론 상황에 따라 많은 도구가 필요한 경우도 있다. 요리를 정말 좋아해서 시간 날 때마다 요리를 하는 사람이라면 요리에 필요한 여러 가지 주방 기구나 전자 제품을 갖고 싶을 것이다. 도구가 다양하면 만들 때 재미있고, 수월하며, 또 이런저런 실험을 해보면서 새로운 요리를 개발할 수도 있을 테니까. 목공을 좋아해 나무로 이것저것 만드는 사람은 나무를 자르고 붙이는 데 필요한 특수 기계가 꼭 필요할 것이다. 하지만 그렇지 않은 사람들에게는 기본 공구만 갖춘 작은 공구함 하나면 충분하다. 나는 전동 드릴이 필요하면 친구에게 빌린다. 내가 혼자 하기 힘든 일은 손재주 좋은 친구의 손을 빌린다. 그 친구는 내게 없는 여러 가지 공구를 갖고 있기 때문이다.

 삶을 단순하게 만들고 싶은 사람, 찾고 청소하고 치우는 데 시간을 뺏기고 싶지 않은 사람이라면 '질문의 안경'을 쓰고 집을 살펴볼 필요가 있다. '물건을 더 줄일 수 있는 곳이 어디 있을까?' '필요하지도 않은 물건이 잔뜩 쌓인 곳은 어디인가?' '거의 안 쓰는 도구, 기계는 없는가?' '이 물건을 버리면 나중에 필요할 때 누구에게 도움을 청할 수 있을까?' 질문해 보자.

4. 빈손으로 다니지 않기

청소를 미루는 가장 큰 이유는 힘들기 때문이다. 하지만 잘 살펴보면 힘들이지 않고도 치울 수 있는 물건이 많다. 예를 들어 거실에 있다가 목이 말라서 부엌으로 갈 때 다 먹은 접시나 빈 요구르트 통을 들고 간다. 또 침실에서 나올 때 빨랫감을 들고 나와 빨래통에 넣는다. 이처럼 빈손으로 다니지 않는 버릇을 들이면 소파나 식탁, 책상이나 옷장에 아무렇게나 널려 있는 물건이 눈에 띄게 줄어들 것이다. 한 공간에서 다른 공간으로 이동할 때 잠시 주변을 돌아보며 들고 갈 것이 없는지, 치울 것이 없는지 살피는 습관을 들이자.

5. 2분 규칙

이 규칙은 일을 끝까지 미루었다가 한꺼번에 처리하는 사람들에게 매우 유익하다. 무슨 일이든 한꺼번에 하려면 힘들고 고단하다. 그래서 '해야 할 일'의 리스트만 봐도 벌써부터 가슴이 답답하고 골치가 아프다. 그런 사람이라면 '2분 규칙'을 명심하자. 이 규칙은 '2분 안에 처리할 수 있는 일은 지금 당장 처리한다'는 규칙이다. 즉, 어떤 일이 생기면 '해야 할 일' 리스트에 무조건 추가할 것이 아니라 일단 그 일을 2분 안에 처리할 수 있는지 가늠해 본다. 그러면 '해야 할 일'이 눈에 띄게 줄어들 것이고, 작은 성취의 경험이 일상을 풍요롭게 만들 것이다.

6. 망가진 기계는 당장 수리하거나 버리기

토스터, 커피 머신, 노트북, 자전거, 전등이 망가졌다. 어떻게 해야 할까? 일단 망가진 물건을 들고 지하실로 내려가 수북이 쌓여 있는 다른 망가진 기계들 옆에 놓아둔다? 그러면 안 된다고 앞에서 누누이 이야기했다. 당장 처분하는 습관을 들이자.

   직접 수리하고 싶다면 스케줄을 살펴 가능한 시간을 찾는다. 도저히 시간이 안 난다면 도와줄 친구를 찾아보고 그것도 안 된다면 수리 센터에 보내야 한다. 수리 센터에서도 손쓸 수 없는 물건이라면 당연히 쓰레기통으로 가야 한다.

7. 잡동사니 보관함 만들기

아무리 생각해도 어디에 둬야 할지 고민인 물건들을 위해 잡동사니 보관함을 한두 개 마련하자. 책상 서랍 한 칸이나 작은 바구니, 작은 수납장 같은 것을 마련해 구질구질한 잡동사니를 싹 집어넣는다. 신문이나 잡지도 재활용하기까지 며칠 동안 쌓아 둘 공간이 필요하다. 거실 구석이나 베란다에 박스 하나 정도 놓고 그 안에 신문지나 잡지를 담자.

어디든 경계를 확실히 정하고 공간을 최소화하는 것이 중요하다. 서랍이 꽉 차면 시간을 내서 정리해야 한다. 두 번째, 세 번째 서랍을 만들 생각은 애당초 하지 말자.

8. 모든 물건에 자리 정해 주기

물건마다 정해진 자리가 있어 가족 모두가 사용한 후 반드시 그 자리에 물건을 두면 삶이 말할 수 없이 편해진다. 시간은 없는데 허둥지둥 물건 찾느라 고생하지 않아도 되고, 가족끼리 누가 썼네 안 썼네 싸울 일도 없으며 '아무리 치워도 집이 무질서하다'는 느낌이 사라진다. 자동차 키를 현관에 걸어 두거나 바구니에 담아 두기만 해도 삶이 얼마나 편해지는지 모른다.

자리를 정해 두지 않은 물건은 빈 공간만 발견하면 그 자리를 차지하려는 경향이 있다. 그래서 창턱이나 부엌 작업대를 깨끗하게 치우고 나면 갑자기 엄청난 흡입력을 발휘해 집 안의 모든 물건을 끌어당긴다. 순식간에 청소의 수고가 소용없어지고 아름답던 빈 공간이 볼펜, 자동차 키, 전단지, 선글라스, 포장지, 뜯어 놓고 안 마신 음료수 병, 사탕 봉지 등의 물건들로 꽉 차버린다.

따라서 나는 최대한 모든 물건에 자리를 정해 주고 그 자리를 철저하게 지키는 습관을 들일 것을 권한다. 그런데 자리를 정하려면 우선 물건의 종류와 사용 방법을 정확히 알아야 할 필요가 있다. 정말 어디에 두어야 할지 판단하기 힘든 물건들도 많기 때문이다. 며칠 동안 자신의 일상을 잘 관찰하면서 정해진 자리가 없는 물건들의 리스트를 적어 본다. 집에 오면 마음 내키는 대로 아무 데나 던져두는 가방, 쓰고 아무 데나 놓아두는 볼펜, 우편물, 노트 등 예상 외로 많을 것이다.

리스트 작성이 끝나면 여기에 적힌 물건들을 어디에 두면 가장 좋을지 고민한다. 가방은 어디에 둬야 빨리 찾을 수 있을까? 어떤 물건을 어디서 가장 자주 사용하는가? 고민을 거쳐 각 물건에 자리를 정해 준다. 아마 그 과정에서 다시 한 번 그다지 필요하지 않은 물건이 나올 것이고, 그것들을 골라 버릴 수 있을 것이다. 그렇게 제자리가 없는 물건이 하나도 안 남을 때까지 모두 자리를 정해 준다.

9. 빈 공간 즐기기

항상 물건이 가득한 집에 살다 보면 그 상태에 익숙해진다. 그래서 정리 정돈을 하기도 힘들 뿐 아니라 빈 공간에도 적응을 잘 못한다. 우리의 인식은 습관에 좌우되는 법, 빈 창턱이나 깔끔한 소파를 보면 왠지 우리 집이 아닌 것만 같은 불안감이 엄습한다. 이런 불안을 없애기 위해 얼른 온갖 물건들을 다시 늘어놓아 예전의 '질서'를 회복하려 애쓴다. 그래서 정리 정돈을 진심으로 원한다면 빈 공간이 주는 불안을 잠시 참고 견디는 인내심이 필요하다. 빈 공간에 익숙해지고 그 공간과 친구가 되어야 한다. 시간이 조금만 지나면 불안이 서서히 사라지면서 오히려 물건이 놓인 공간이 답답하게 느껴질 것이다. 그러면 청소에 걸리는 시간이 줄어들어 행복할 것이고 마음도 한결 여유로워질 것이다. 그때까지 조금만 참자.

10. 성공 자축하기

대청소 후에는 대단한 일을 무사히 끝낸 자신을 충분히 칭찬해 줘야 한다. 정리를 도와준 친구나 평소 집으로 초대하고 싶었던 친구들을 불러 작은 축하 파티를 여는 것도 좋다. 이제 당신의 집에 손님을 부를 수 있게 되었다는 사실을 즐기고 기뻐하라. 깨끗이 정리한 곳이 작은 공간일지라도 자신의 어깨를 툭툭 쳐주며 칭찬을 아끼지 말아야 한다. 정리한 옷장이나 소파를 사진으로 찍어 정리 노트에 붙이는 것도 좋은 방법이다. 정리 정돈의 과정과 자신의 소감을 짧게 정리 노트에 적는 것도 좋을 것이다.

4장
마음 정리

대부분의 사람들은 '정리 정돈'이라는 말을 들으면 물건의 정리를 먼저 떠올린다. 하지만 우리는 정신적인 차원에서도 너무나 많은 것을 붙들어 두려고 애쓴다. 스트레스를 유발하는 과도한 활동, 만나고 싶지 않은 사람들과의 지속적인 관계 유지, 삶의 강물이 흐르지 못하게 막는 해묵은 습관, 자유로운 행동을 가로막는 고정관념들. 4장에서는 이런 부문에 집중해 어떻게 정리 정돈과 내려놓기를 할 수 있는지 살펴볼 것이다. 내려놓기를 삶의 기술로 삼아 마음의 컴퍼스를 새로운 방향으로 옮기면 지금보다 훨씬 가볍고 홀가분하며 행복한 삶을 살 수 있을 것이다.

자신의 에너지에 맞게
생활한다

우리 벼룩시장을 자주 찾는 할머니 한 분은 항상 바빠 죽겠다는 표정으로 허둥지둥 볼일만 보고 가신다. 하루는 내가 왜 그렇게 항상 바쁜지 여쭈니 놀라는 표정으로 자신의 이야기를 털어놓았다. "하루가 48시간이면 좋겠어요. 저는 일주일에 30시간 일한답니다. 거기에다 딸이 파트타임으로 일해서 외손녀까지 봐줘야 해요. 오늘 오후엔 요양원에 계시는 이모를 찾아봬야 해요. 자식이 없어서 자주 들여다봐야 하죠. 요새 몸이 안 좋으시거든요. 이렇게 여기저기 쫓아다니려니 정말 시간에 쫓겨요. 얼마 전부터는 건강을 생각해서 요가를 시작했는데 일주일에 한두 번 가요. 아주 괜찮은 요가원을 발견했거든요. 그런데 거기서 오픈하우스 행사를 하겠다고 도와줄 사람이 없냐고 묻는데 통 마음이 쓰여서 괴롭답니다. 시간을 낼 수는 없는데 안 도와주자니 마음이 편치 않고……. 그래서 여태 대답을 못 해주고 있어요."

일과 활동을 정리 정돈하기 위해서는 시간 문제를 이야기하지 않을 수 없다. 시간 관리는 한 사람의 라이프스타일과 무관하지 않기 때문이다. 시간 관리는 삶을 바라보는 자세, 가치관, 선호도, 에너지, 잠재력은 물론이고 그 사람이 어떤 사회 집단에서 활동하고 있는지를 보여 주는 지표이다. 예를 들어 정기적으로 스포츠 동호회에서 활동하거나 음악 동아리에서 연주 활동을 하는 사람, 봉사활동에 열심인 사람들은 공동생활에 적극 참여함으로써 주어진 사회적 역할에 충실한 사람들이다. 개인은 집단 속에서 자신에 대해 많은 것을 배운다. 다른 사람들이 곧 나를 비추는 거울이기에 남들을 보면서 자신의 이미지를 완성해 나간다. 또 다양한 활동을 통해 능력을 키우고 사람들에게 인정받음으로써 자존감을 높일 수 있다.

　하지만 모든 활동이 긍정적인 에너지를 선사하는 것은 아니다. 무엇보다 자신의 본성과 에너지, 생활 리듬에 맞는 활동이어야 한다. 활동의 종류뿐만 아니라 소요 시간과 일상생활과의 연계 여부도 고려해야 한다. 그러자면 시간을 잘 관리해야 하고 어떤 활동을 할지도 신중하게 선택해야 한다. 지금 내게 무엇이 중요한지, 무엇이 유익한지 항상 자문해야 한다. 삶에 꼭 필요한 휴식과 여유를 빠트리지 않는 신중한 시간 관리만이 삶을 풍요롭게 만들기 때문이다. 그 부분을 놓치면 아무리 의미 있는 활동이라도 얼마 못 가 쫓기는 기분이 들고 마음이 부담스럽고 무거워진다.

　당신은 어떤가? 시간이 없다는 기분이 자주 들거나 일정에 쫓

겨 허덕인다면, 나도 모르게 '스트레스야'라는 말이 불쑥 튀어나
온다면 발걸음을 잠시 멈추고 허둥대던 손짓도 잠깐 멈춰 보자.
미루지 말고 바로 지금! 중독처럼 멈추지 못하는 활동의 악순환
을 미루지 말고 바로 지금 잠시 멈춰 보자. 그리고 이 순간의 여유
를 즐겨 보자. 크게 숨을 들이쉬고 내쉬며 마음으로 호흡의 길을
따라가 보자. 이것이 활동의 정리 정돈을 위한 첫걸음이다. 그냥
잠시 멈추는 것, 아무것도 하지 않고 가만히 있는 것. 자, 이제 조
급한 마음이 사라졌다면 거기서 한 걸음 더 나아가 보자. 아래의
실천 노트를 실행에 옮겨 보자.

실천 노트 | 나의 활동 점검하기

정리 노트를 꺼내 현재 내가 하고 있는 모든 활동을 적는다. 그런 다음 주간 계획표를 만들어 방금 적은 활동을 쓴다. 직장 생활, 취미 활동, 집안일, 집안 행사 등 모두 적는다. 운동과 여가 활동, 문화 생활, 친구와의 만남도 빼놓지 않는다. 각 활동별 소요 시간도 기록한다.

색연필을 꺼내 주간 계획표에서 휴식 시간을 한 가지 색깔로 칠한다. 당신은 일주일에 몇 시간이나 쉬는가? 색칠한 면적이 얼마나 넓은가? 점심 식사 후 잠깐 쉬는 시간도 여기에 포함된다.

이번에는 다른 색깔 색연필을 꺼내 무슨 일이 있어도 절대 빼먹고 싶지 않은 활동에 색칠한다. 기쁨과 행복을 주고 삶에 활력을 주는 활동이다. 반대로 생각만 해도 마음이 무거워지는 활동이 있을 것이다. 나와 정말 안 맞지만 습관적으로, 혹은 의무감 때문에 어쩔 수 없이 계속 하고 있는 활동이다. 여기에도 색깔을 정해서 칠해 보자.

이제 당신의 주간 계획표가 알록달록해졌을 것이다. 한눈에 어떤 활동에 어느 정도의 시간을 쓰는지 알 수 있을 것이다. 당신은 이 주간 계획표에 만족하는가?

"이제는 그만하고 싶다. 늘 그런 생각이 머릿속을 맴돌아요. 물론 남을 돕고 싶고, 도우며 살면 참 좋겠죠. 하지만 너무 힘에 부쳐요. 그런데도 사람들이 부탁하면 거절을 못해요."

활동을 정리한다는 것은 곧 각 활동을 점검하고 관찰해 우선순위를 정하고 결정한다는 뜻이다. '너무 과도한' 활동은 없는지, 에너지를 앗아가고 스트레스를 일으키는 유익하지 않은 활동은 없는지 점검하는 작업이다. 힘에 부치지만 그럼에도 불구하고 외면할 수 없을 정도로 당신의 인생에서 중요한 활동이라면 적절한 수준으로 조절하는 것도 정리 정돈이다. 횟수나 시간을 줄이고, 최고가 되겠다는 욕심을 버리고 조금 더 느긋한 자세로 임한다면 스트레스는 줄고 마음의 여유를 되찾을 수 있을 것이다. 단, 스트레스만 유발할 뿐 당신의 인생에 전혀 도움이 안 되는 활동은 계속할 필요가 없다. 이번 기회에 과감하게 그만두자.

당신이 스포츠 동호회의 연례행사에 불참한다고 해서 지구가 자전을 멈추지는 않는다. 당신이 헬스클럽을 그만둔다고 해서 태양이 빛을 잃는 것도 아니다. 당신 자신이 즐겁지 않은데 무엇을 위해 고통을 참고 그 활동을 계속한단 말인가?

물론 주변 사람들의 기대에 부응하지 못할 수는 있다. 주변 사람들이 당신에게 실망할 수도 있다. 지금까지 한 번도 부탁을 거절한 적이 없는데 갑자기 당신이 거절하면 다들 놀라고 당황할 것이다. 게다가 당신 스스로 무슨 일이든 솔선수범하는 스스로의 모습에 만족하며 살았다면 주변의 실망에 꿋꿋하게 대처하기가 힘들 것이다. 하지만 장기적으로 볼 때는 그 길이 스스로에게 더 바람직하다. 남들보다 당신의 마음이 외치는 소리에 귀 기울이며 살아야 한다.

직업이 만족스럽지 않은 경우 정리하기가 가장 힘들다. 직업이란 삶의 많은 부분에 영향을 미치기 때문이다. 이럴 땐 정말로 깊은 고민이 필요하다. 직장에서 느끼는 불만이 얼마나 많은 에너지를 앗아가며 어느 정도로 삶의 질을 떨어뜨리는지, 직장 생활에 대한 만족도를 조금이라도 높이기 위해 나 스스로 무엇을 바꿀 수 있을지, 직장을 옮긴다면 어떤 결과를 초래할지, 그 과정에서 얼마만큼의 에너지를 소비하게 될지도 따져 봐야 한다. 또한 만족스러운 직장을 찾기 위해 어디서부터 어떻게 다시 시작해야 할지도 고민해야 한다.

그런 고민을 거쳐 결국 이직을 결심했다면 모든 에너지와 관심을 새로운 목표, 새 직장을 찾는 데 쏟아야 할 것이다. 그러나 현재의 직장에 남기로 결정했다면 이런 깊은 고민을 통해 직업에 대한 만족도가 더 상승할 것이다. 심사숙고하여 스스로 다시 선택한 곳인 만큼 현재의 직장에 대한 애착이 더욱 커질 것이고, 회사가 잘돼야 자신도 오래 살아남을 수 있다는 각오로 전보다 더 열심히 일하게 될 것이다.

부담스러운 인간관계 내려놓기

벼룩시장에 처음 온 남성이 신기한 표정으로 여기저기 둘러보다가 나의 정리 컨설팅 안내문을 발견하고는 한참 동안 열심히 읽고 이렇게 말했다. "정리 정돈이 인간관계에도 해당된다는 생각은 한 번도 해본 적이 없는데 이 내용을 보니 정말 그렇겠다는 생각이 드네요. 저한테도 예전에 매일 붙어 다니던 친구가 있었거든요. 그런데 살다 보니 각자 삶의 방향이 달라서 지금은 공통점이 별로 없어요. 그래서 요즘엔 전화도 잘 안하게 되고 거의 만나지도 않는데 내가 먼저 전화해야 하는 건 아닌가 해서 늘 마음 한편이 찜찜했어요. 그런데 지금 생각해 보니 꼭 그래야 할 이유가 없네요."

인간관계는 삶의 가장 기본적인 요소 중 하나다. 인간은 타인과 생각과 마음을 나누어야 생존할 수 있는 존재이기 때문이다. 인간은 인간관계를 통해 비로소 인간이 된다고 해도 과언이 아니다.

그런데 우리의 인간관계망을 자세히 들여다보면 그 안에서도 차이를 발견할 수 있다. 기쁨을 주고 자극이 되며 힘을 주는 관계는 함께 있으면 마음이 편안하고 활력이 되살아나서 숨은 잠재력도 마음껏 펼칠 수 있게 해준다. 반대로 부담스럽고 에너지를 앗아가는, 스트레스만 받는 관계도 있다. 기대는 채워지지 않고 비난만 난무하는 관계, '넌 손가락이 부러졌니? 전화 한 통 못해?'라는 비난에 허둥지둥 변명거리부터 찾는 관계이다. 이용당한다는 느낌을 지울 수 없는 관계도 있다. 만나서 헤어질 때까지 상대방의 불만만 들어줘야 하는 관계, 모든 대화가 상대를 중심으로 돌아가는 관계, 허탈감만 남는 관계이다. 심지어 모욕과 폭력이 오가는 관계도 있다. 잠깐 짬을 내서 다음의 실천 노트를 바탕으로 당신의 인간관계를 점검해 보는 시간을 가져 보자.

이런 방법으로 인간관계망을 그려 보면 현재 나의 인간관계를 한눈에 파악할 수 있다. 원의 거리와 색깔만으로 상당한 차이가 드러나기 때문이다. 여기서 그치지 않고 조금 더 정확하게 관계를 평가해 볼 수도 있다. 사실 모든 관계는 개별적이다. 똑같은 거리, 똑같은 색깔의 원이라 해도 당신의 평가는 완전히 다를 수 있다.

예를 들어 보자. 안드레아는 두 개의 원에 빨간색을 칠했다. 빨간색은 갈등을 의미한다. 따라서 안드레아는 지금 두 사람과 갈등을 겪는 중이다. 하지만 이 두 관계에 대한 그녀의 평가는 매우 다르다. 친구 소냐와의 관계는 이미 오래전부터 갈등을 겪었고 몇 차례 화해하려고 시도했지만 성공하지 못했다. 어쩌면 화해하려는 마음은 안드레아만의 것인지도 모른다. 아니면 둘 다 그런 마음이 없는 것은 아닐까?

또 한 친구의 이름은 하이케다. 안드레아와 하이케는 오랫동안 서로를 존중하고 아끼는 사이였는데 최근 들어 어떤 문제로 잠시 갈등을 겪었다. 아직 서로 마음을 터놓고 이야기해 보지는 않았지만 안드레아는 하이케와의 변치 않는 우정을 확신한다. 그동안 의견 차가 있을 때도 많았지만 두 사람은 항상 해결책을 찾아냈고 서로에 대한 신뢰를 잃지 않았다. 솔직히 하이케가 이번에는 어떻게 나올까 궁금하다.

> **실천 노트 | 인간관계망 그려 보기**
>
> 큰 종이 한 장을 준비해 중앙에 원을 하나 그린다. 그 원은 당신이다. 그 옆에 당신이 아는 사람들의 원을 그리고 이름을 적는다. 가깝다고 느끼는 사람은 내 원과 가까이에, 멀다고 느끼는 사람은 멀리 그린다. 이것이 당신의 인간관계망을 보여 주는 소시오그램이다. 각 사람들에 대한 당신의 감정을 색깔로 표시해 보자. 만날 때마다 기분 좋은 사람의 원은 마음에 드는 색깔로 칠한다. 현재 당신과 갈등을 겪는 사람의 원은 마음에 들지 않는 색깔로 칠한다. 딱히 갈등을 겪는 것은 아니지만 어딘가 불만스럽고 마음이 편치 않은 사람의 원에는 또 다른 색깔을 칠한다. 지금의 관계가 언제까지 이어질지 확신이 없는 사람에서는 또 다른 색깔을 칠한다. 또 다른 판단 기준이 있다면 그 관계들에도 각자의 색깔을 정해 주자.

인간관계의 정리를 언급할 때면 나는 항상 관계에 대한 정확한 파악이 우선이라고 강조한다. 즉, 자신의 생각과 느낌을 먼저 깨달아야 한다. 필요하다면 상대와 힘을 합쳐 지금의 관계를 점검하면서 걸림돌이 있으면 제거하고 갈등이 있으면 해소해, 보다 단단한 기반을 다지라는 뜻이다.

당신 곁에도 만족과 행복을 주는 사람들이 있을 것이다. 누가 그런 사람인가? 편하고 허물없는 사람들이 당신 곁에 있다는 사실에 감사하고, 그 행복을 잠시 음미해 보자.

반면에 만나서 즐겁지 않은 사람들도 있을 것이다. 혹은 정확히 어떤 관계인지 파악되지 않는 사람도 있을 것이다. 좋기도 하고 싫기도 한 사람, 어떤 땐 즐겁게 잘 놀다가도 또 어떤 때는 서로 언짢은 기분으로 헤어지는 사람. 이 모든 느낌과 감정을 바라보며 당신의 인간관계를 점검해 보자.

관계에 대한 파악이 끝났다면 이제 관계를 변화시키고 개선할 차례다. 이 지점에 오면 많은 사람들이 겁을 먹는다. 만약 당신이 남이 듣기 싫어하는 소리는 되도록 자제하고 상대에게 못할 소리를 하느니 차라리 본인이 참고 아픈 것이 낫다고 생각하는 유형이라면 나는 당신의 어깨를 두드리며 비판이 나쁜 것이 아니라고 말해 주고 싶다. 좋은 말만 해주는 것이 진정으로 상대를 위하는 길일까? 상대에게도 변화의 기회를 줘야 한다. 서로가 서로에게 달라질 수 있는 기회를 줘야 한다.

관계란 혼자 만드는 것이 아니다. 최소 두 사람이 함께 만들어

"저는 약속이 정말 많아요. 누가 만나자고 하면 절대 거절 못하거든요. 사실 저도 제 생활이 있는데 그 많은 사람들을 다 만나자니 스트레스가 심해요."

가는 것이다. 그렇다면 서로가 허심탄회하게 의견을 나누어 관계를 유지하고 개선하기 위해 힘써야 한다. 상대는 당신과의 관계에 대해 어떻게 생각할까? 불만스러운 부분이 있다면 무엇이고, 어떻게 해야 그 불만을 해소할 수 있을까? 그러한 이해 과정이 있어야 더 깊은 우정을 키워 나갈 수 있다.

불만이 있을 때 어떻게 대화를 풀어 나가야 할까? 그 문제는 이 책의 범위를 넘어선다. 그리고 이미 너무나 많은 소통법이 소개되어 있다. 다만 한 가지, 이 자리를 빌려 꼭 소개하고 싶은 대화법이 있다. 바로 마샬 로젠버그Marshall B. Rosenburg의 '비폭력 대화법'이다. 솔직함과 공감을 바탕으로 하는 이 대화법이 서로에 대한 존중과 신뢰를 키울 수 있다고 생각하기 때문이다.

내 경험상 주는 것은 좋아하면서 받는 것은 잘 못하는 사람들이 의외로 많다. 그렇지만 일방적으로 받기만 한다면 상대방 역시 마음이 편할 리 없다. 내가 주니까 상대가 기뻐할 것이라는 생각은 착각이다. 관계는 상호성을 바탕으로 한다. 혹시라도 당신이 그런 유형의 사람이라면 이제부터라도 생각을 바꿔야 한다. 먼저 상대에게 도움을 청해 보자. '당신에게 털어놓을 말이 있어요. 당신의 의견을 알고 싶어요. 충고도 좋아요' 혹은 이렇게 먼저 도움을 청함으로써 당신은 상대에게 남을 돕는 기쁨을 선물할 수 있다. 서로가 서로를 도울 수 있는 관계가 만족과 활력을 주는 법이다.

또 부탁을 직접적으로 하지 못하는 사람들이 많다. 상대에게 부담을 줄까 봐 겁이 난다는 것이다. 바라는 것이 있으면 각종 말하기 기술을 동원해 에둘러 표현한다. 그러다 보니 오해가 생기고 상대가 내 의도를 정확히 파악하지 못하는 일이 생긴다. 자신이 명확하게 말을 안 해놓고 괜히 혼자 섭섭해하고 억울해한다.

부탁할 때는 상대가 확실히 알 수 있게 직접적인 표현을 써야 한다. 그래야 상대가 본인의 상황을 고려해 확실한 태도를 취할 수 있고 분명하게 대답해 줄 수 있다.

예를 들어 이번 주말에 텃밭에 씨를 뿌리고 싶다고 하자. 이 경우 상대에게 텃밭 가꾸는 일이 얼마나 힘들고 고달픈지 구구절절 하소연하며 은근슬쩍 상대의 입에서 '그럼 내가 도와줄까?'라는 말이 나오기를 기대해서는 안 된다. 상대의 도움이 필요하다면 확실하게 부탁해야 한다. "이번 주말에 텃밭에 씨를 뿌리려는데 너무 넓어서 혼자는 힘들 것 같아. 혹시 주말에 시간 되면 도와줄 수 있어?"라고 말해야 상대가 자신에게 그럴 마음이 있는지, 시간은 있는지 확실하게 대답해 줄 수 있다.

그리고 상대에게 거절의 자유도 허락해야 한다. 승낙이나 거절의 이유를 편하게 터놓고 이야기할 수 있어야 서로에 대한 신뢰가 쌓이고 부담스럽지 않은 관계가 지속된다.

관계의 정리는 타인에 대한 자신의 기대를 점검하고 내려놓는

"예전엔 퇴근하고 회사 동료들과 자주 만났어요. 그때 상사가 너무 미워서 맥주 한잔 하면서 욕하면 속이 시원했거든요. 그사이 저는 회사를 옮겼고 이번 회사는 분위기가 괜찮습니다. 예전 동료들이 여전히 자주 저를 부르는데 요즘엔 만나도 별로 할 이야기가 없어서 잘 안 가게 되네요."

다는 의미도 있다. 상대에게 걸었던 기대가 채워지지 않을 때 불만스러운 관계가 되기 쉽다. 친구와 나의 상황은 나이가 들면서 자꾸 변하지만 이상하게도 친구에게 거는 기대는 달라지지 않는다. 그래서 한쪽이 너무 바빠서 시간을 내지 못하면 상대를 이해하기보다 상대가 나를 무시하고 홀대한다고 생각한다. 그러나 가만히 생각해 보면 나 자신도 나이가 들면서 그 나이에 맞게 관심사와 욕망이 달라진다. 친구도, 부모도, 자식도 당연히 그러할 것이다. 이 사실을 깨닫고 받아들이면 현재의 상황에서 상대가 결코 채워 줄 수 없는 괜한 기대를 내려놓을 수 있다. 아름다운 우정이란 친구가 할 수 있는 그 이상을 기대하지 않는 것이다. 친구와 변화에 대해 두런두런 이야기 나눠 두 사람이 함께 관계의 새로운 토대를 쌓는 것이다.

그러나 살다 보면 계속해서 대화를 나누고 노력해도 도무지 개선되지 않는 관계도 있다. 그 사람을 만날 때마다 속으로 묻는다. '내가 왜 이 사람을 만나는 거지?' 아마도 상대가 과거에 소중한 시간을 함께 했거나 인생의 어느 한 시기를 동행했던 사람일 수도 있다. 혹은 당신이 큰 신세를 져서 의무감 때문에 계속 만나는 사람일 수도 있다. 그러나 워낙 다른 세상의 사람이어서 공통점을 찾기 힘들고 만나도 할 말이 별로 없다면 용기를 내 관계를 정리할 필요가 있다. 지금껏 의무감 때문에 만났던 시간으로 과거의 신세는 다 갚았다. 인간관계는 의무감이나 고마움으로 유지될 수 있는 것이 아니므로 이제는 그만 관계를 정리해야 한다.

인간관계의 정리란 이런저런 관계를 종결짓고 작별을 고한다는 의미이다. 묵은 관계를 청산해 마음에 자리를 마련한 후 자신의 욕망에 귀 기울여 새로운 관계를 시작한다는 의미이다. 에너지를 앗아가는 관계는 그만 청산하고 지금 당신에게 의미 있는 사람들에게 마음의 문을 여는 것이다.

기본적으로 정리란 숫자를 줄이는 것이다. 인간관계의 정리 역시 마찬가지이다. 감당하지 못하고 허덕거리는 관계는 과감하게 줄여 나가야 한다. 변화의 주체는 당신이다. 유지할 관계와 청산할 관계를 결정할 주체도 당신이다. 인간관계야말로 적을수록 좋다는 원칙이 가장 잘 적용되는 영역이다.

연인이나 배우자와의 관계는 전문 상담 프로그램이나 그 분야만 다룬 책이 헤아릴 수 없이 많다. 다만 짧게나마 언급하고 싶은 부분이 있다. 상담을 하면서 평소 자주 느꼈던 문제인데 의외로 많은 사람들이 헤어진 예전 파트너와 여전히 함께 산다는 점이다. 물론 현실 공간에서 함께 산다는 뜻은 아니고 예전 파트너를 마음에서 놓아 버리지 못한다는 뜻이다. 어떤 사람은 심지어 예전 파트너를 떠올리게 만드는 추억의 물건이 집에 아주 많고, 예전 파트너가 현재의 파트너보다 훨씬 자신과 잘 맞았다는 말을 한다. 그러나 나는 그것이 합리적인 판단이 아니라고 생각한다. 추억은 아름다운 법이다. 떠나간 옛 사람은 눈앞에 있는 사람보다 이상화하기 쉽다.

하지만 헤어진 옛 사랑을 떠올리며 모든 문제를 일방적으로 현재의 파트너 탓으로 돌리면 관계를 개선할 여지가 없다. 옛 사랑과 헤어진 데에는 분명 그만한 이유가 있었을 것이다. 그 이유를 되새기며 마음속으로 다시 한번 과거의 연인과 작별을 고하자. 추억의 물건을 집 밖으로 몰아내는 것도 큰 도움이 될 것이다.

잘못된 습관
바꾸기

할머니 두 분이 아동용 옷을 담아 둔 박스에서 손자들에게 줄 옷을 고르다가 코앞에 닥친 부활절 이야기가 나왔다. 한 할머니가 말했다. "자식이 셋인데 부활절에 애들까지 다 데리고 온대요. 애들이 오면 정말 좋아요. 손자들도 반갑고. 그래서 지금 애들 오면 뭘 먹여야 하나 고민이에요. 감자 샐러드와 소시지는 당연히 만들 거고, 딸 하나가 채식주의자라서 두부 요리를 한번 해볼까 싶어요. 케이크도 구워야 하고 과일도 사둬야 하고. 정말 할 일이 많네요."
그러자 다른 할머니가 끼어들었다. "아니 손자까지 봤다면서 혼자서 온 식구 먹을 것을 다 만들어요?"
"우리 집은 내가 늘 했어요. 와주는 것만도 고맙죠."
다른 할머니가 반박했다. "아니, 늘 그래왔다고 또 그래야 한다는 법이 어디 있어요? 이제 우리도 예전 같지 않은데 애들한테 좀 시켜요. 감자 샐러드랑 소시지는 만들어 오라고 하고 채식주의자 딸한테는 자기가 먹을 건 직접 챙겨오라고 해요."
"안 그래도 작년에 딸이 그렇게 하자고 했는데 내가 거절했어요. 내가 직접 해먹이고 싶거든요. 하긴 그쪽 말도 일리가 있어요. 우리 나이엔 버겁죠. 식구가 늘어서 많이 준비해야 하고……. 그래도 감자 샐러드는 꼭 내가 직접 만들 거예요."

인간은 습관의 동물이다. 우리의 삶은 수많은 습관과 일상으로 이루어진다. 출근할 때도 우리는 매일 똑같은 과정을 거친다. 일어나서 세수하고 밥을 먹고 옷을 입고 가방을 챙겨서 집을 나선다. 그럼 거기서부터 다시 또 다른 일상이 기다리고 있다. 버스 정류장에서 버스를 기다리고, 버스를 타고, 휴대전화로 아침 뉴스를 보고, 버스에서 내려 회사까지 걸어간다. 우리는 매일 아침 이런 절차를 반복하며 출근한다.

습관과 일상이 없으면 우리는 생존할 수 없다. 무슨 일이든 매번 어떻게 할까 다시 고민해야 하고 수없이 많은 결정을 해야 하기 때문이다. 습관과 일상은 삶의 짐을 크게 덜어 주고 안정감을 주며 세상을 신뢰할 수 있게 한다. 버스에 오를 때면 이 버스가 우리가 원하는 방향으로 가고 우리가 원하는 정류장에 설 것이라고 믿는다. 약속을 하면 정확히 약속 시간, 약속 장소에 상대가 나올 것이라고 믿는다.

이렇듯 대부분의 습관과 일상은 우리가 힘들이지 않고도 하루

하루 잘해 나갈 수 있도록 도와준다. 하지만 가끔씩 우리를 가로막거나 해를 입히는 습관도 있다. 예를 들면 꾸물거리다 꼭 몇 분 늦게 출발해 허둥대는 습관 같은 것이다. 조금만 서두르면 된다는 것을 너무나 잘 알면서도 오랜 습관 탓에 출발 시간을 놓친다. 스트레스를 유발하고 불만을 조장하는 잘못된 습관이다.

이럴 때에도 정리 정돈은 자신의 습관과 일상을 세밀하게 관찰해 불만스러운 습관을 조금씩 고쳐 나가게 함으로써 매우 긍정적인 효과를 불러올 수 있다.

집을 어지르고 물건을 쌓이게 하는 습관은 무엇일까? 앞서 3장의 〈질서를 오래 유지하는 10가지 방법〉에서 몇 가지 사례를 통해 그 습관들을 어떻게 바꿀 수 있는지 살펴보았다. 그 밖에 정리 정돈을 방해하는 일상의 행동과 습관들을 몇 가지 더 살펴보자.

- 신문을 읽고 거실 탁자나 바닥에 둔다.
- 고장 난 기계를 수납장에 넣으며 '나중에 고쳐야지' 생각한다.
- 영수증은 환불할 경우를 대비해 무조건 모아 둔다.
- 전기 제품의 포장 박스는 이사할 때 쓰려고 버리지 않는다.
- 빈 박스는 크기와 모양을 불문하고 무조건 모아 둔다.
- 화장품을 다 쓰지도 않았는데 새것을 사면 무조건 뜯어서 새것부터 쓴다.

"새 구두를 사면 늘 그것만 신으면서 옛날 구두를 못 버리고 집에 놔둬요. 그래서 신발장에 안 신는 구두가 넘쳐 나죠. 새 구두를 사면 헌 구두는 버리면 될 텐데 왜 못 그럴까요?"

이외에도 정리 정돈을 방해하는 습관은 수없이 많다. 집 안을 고물 창고로 만드는 당신의 습관은 무엇인가?

위의 사례들이 물건을 끌어모으는 습관들이었다면 정리 정돈은 여기서 한 걸음 더 나아가야 한다. 자신을 존중하지 않는 습관, 자신의 욕구를 무시하는 습관도 버려야 한다. 그런 습관으로는 어떤 것들이 있을까?

- 시작한 일은 끝을 봐야 직성이 풀리므로 에너지가 방전될 때까지 쉬지 않고 자신을 몰아붙인다.
- 굳이 그럴 필요가 없는 일에도 완벽을 기한다.
- 숟가락을 놓자마자 단 음식이 당겨서 먹는데, 먹고 나면 꼭 후회한다.
- 스케줄을 너무 빡빡하게 짜서 휴식이 없다.
- 업무 분담을 할 때면 내 담당이 아니고 내가 제일 잘할 수 있는 일이 아닌데도 자동으로 '저요' 하고 외친다.

당신은 어떤가? 불필요하게 삶을 고달프게 하고 불만을 조장하는 습관은 없는지 잘 살펴보자. 그런데 습관은 의외로 강단 있는 녀석이라 쉽게 바뀌지 않는다. 우리의 신경망은 언제든 그 습관을 다시 불러 낼 수 있다. 그래서 습관을 하루아침에 없애 버릴 수 없는 것이다. 한 번 하지 않는다고 해서 앞으로도 쭉 하지 않을 것이라는 보장은 없다. 시간을 두고 서서히 묵은 습관을 버리는 연습을 하는 동시에 새로운 습관을 익혀야 한다. 새로운 습관을 익히

실천 노트 | 잘못된 습관 바꾸기

머릿속으로 당신의 하루를 떠올려 보자. 당신의 하루 일과는 어떤가? 집 안으로 물건을 끌어들이는 습관은 어떤 것인가? 미처 깨닫지 못했지만 집 안을 창고로 만드는 행동은 없는가? 이런 습관들을 정리 노트에 적어 본다.
당신의 삶을 불행하게 만드는 습관은 무엇이 있을까? 어떤 습관이나 의식이 스트레스를 유발하는가? 어떤 습관 탓에 자신의 소망과 욕구를 채우지 못하는가? 이런 습관도 정리 노트에 적어 보자.
그런 습관 중에서 정말로 바꾸고 싶은 한 가지를 고른다. 제일 쉽게 바꿀 수 있는 습관이나 적은 노력으로 큰 효과를 거둘 수 있는 습관을 선택한다.
어떻게 하면 그런 습관을 바꿀 수 있는지 곰곰이 생각해 보자. 그 방법을 정리 노트에 적는다. 하지 말아야 할 행동뿐 아니라 그 행동을 대체할 수 있는 대안도 같이 적어 보자.
예를 들어 집에 광고 전단지가 항상 널려 있어 짜증이 난다면 앞으로는 전단지를 절대 집으로 가져오지 말자고 다짐한다. 동시에 그렇게 하려면 어떻게 해야 하는지도 생각해야 한다. 즉 '앞으로는 전단지를 받자마자 쓰레기통에 버린다'라고 적어 보자.
지칠 때까지 일하는 습관을 고치겠다고 결심했다면 일상생활에서 어떻게 휴식 시간을 마련할 것인지 고민해야 한다. 언제 쉴 것이며 얼마나 쉴 것인가? 외부의 방해에는 어떻게 대처할 것인가?

다 보면 묵은 습관을 버리기가 훨씬 수월하다. 새로운 습관이 상황을 통제하고 해결책을 모색할 수 있게 도와주기 때문이다. 집안을 고물 창고로 만드는 습관을 바꿀 대안을 찾았다면 그것이 새로운 습관이 될 때까지 매일 꾸준히 연습해야 한다.

자신의 욕구를 무시하는 습관의 경우 떨쳐 버리기가 조금 더 힘들다. 욕구란 물건처럼 눈에 보이는 것이 아니므로 자신이 얼마나 자신의 욕구를 소홀히 하는지 판단하기가 힘들기 때문이다. 예를 들어 일 욕심이 너무 많아서 자신의 건강을 돌보지 않는다 해도 어디쯤에서 일을 멈추고 쉬어야 할지 판단하기 힘들다. 따라서 계속 일하려는 손길을 멈추고 자신의 몸과 마음에 귀를 기울이는 연습이 필요하다. 에너지가 바닥날 때까지 몸을 혹사하지 말고 피곤할 때는 잠시 일손을 놓는 연습을 해야 한다.

앞의 두 할머니처럼 누군가 던진 작은 충고도 무시하면 안 된다. 자기 의견만 고집할 것이 아니라 내가 정말 나를 너무 혹사시키는 것은 아닌지 진지하게 되돌아볼 수 있어야 한다.

잘못된 신념
바꾸기

상담 중에 만난 여성이 다음과 같은 말을 했다. "저는 늘 긴장 상태예요. 무슨 일이든 잘해야 한다는 생각이 머리에 꽉 차 있거든요. '실수하면 안 돼!' 항상 그렇게 다짐하고 또 다짐하죠. 저는 대학병원 간호사예요. 중환자실에 근무하기 때문에 정말 할 일이 많죠. 환자는 물론이고 가족들까지 응대하려면 쉴 시간이 없어요. 집에 있다가도 깜빡했거나 잘못한 일이 있으면 당장 병원으로 전화를 걸어 해결해야 직성이 풀려요. 다음날 출근해서 처리해도 지장 없는 아주 사소한 일도 그 자리에서 바로 처리가 안 되면 견딜 수가 없어요. 요즘은 피곤하다는 생각밖에 없어요. 이 일을 언제까지 계속할 수 있을까요? 계속 이렇게 살면 안 될 것 같은데 달리 방법이 없네요."

생각은 감정과 행동에 영향을 미친다. 어떤 사건을 생각만 해도 그 사건을 직접 경험하는 것 같은 기분이 든다. 해고를 당했다는 상상만 해도, 나의 해고로 인한 가족의 고통과 경제적 어려움을 떠올리기만 해도 실제로 해고당한 것 못지않은 공포가 밀려온다. 반대로 지난 주말 친구들과 함께 즐겼던 파티를 떠올리면 그때 느꼈던 흥겨움과 즐거움이 다시 떠오르면서 활력이 되살아난다. 이어지는 행동 역시 생각의 결과이다. 해고의 시나리오를 떠올린 사람은 두려움으로 인해 조용히 혼자 있고 싶지만 친구들과의 파티를 떠올린 사람은 며칠 안에 다시 친구에게 전화를 걸어 만날 약속을 잡을 것이다.

그중에서도 자신에 대한 생각, 즉 자아상은 우리의 감정과 행동에 매우 큰 영향을 미친다. 스스로 자기 자신을 정리 정돈에 관한 빵점짜리 인간이라고 생각하면 정리 정돈을 할 때마다 어차피 잘 안될 것이라고 금방 포기해 버린다. 자기 집에도 잘 정리된 곳이 있다는 사실을 깨닫지도 인정하지도 못한다. 깨끗한 부엌 싱크대는 당연하게 생각하고 눈길은 늘 어지러운 거실과 쌓인 책 더미로 향한다. 자신을 왜곡된 틀 안에 가두고 가능성을 제약하는 것이다. 그러나 우리 안에는 아무도 모르는 소망과 능력이 '숨어' 있다. 우리가 생각하는 우리의 모습에 맞지 않는다는 이유로 잠재된 소망과 능력을 꾹꾹 눌러놓았을 뿐이다.

우리 마음 한켠에는 내면의 독설가가 살고 있다. 그 독설가는 작은 새처럼 어깨에 내려앉아 귀에 대고 우리에게 해야 할 것과

하지 말아야 할 것을 정해 주고, 잘못을 지적하고, 죄책감을 일깨 운다. 어차피 시도해 봤자 안 될 것이라고 미리 엄포를 놓고 실수 라도 하면 '그것 봐, 내가 뭐하고 했어!'라며 비난한다. 한 마리 새 처럼 몸집은 작지만 우리에게 미치는 영향력은 실로 엄청나다.

가끔 내면의 독설가가 하는 말 중에는 어린 시절 부모에게 들었 던 말도 있다. 어린 시절의 판단과 평가가 생각과 행동의 지침으 로 굳어져 지금껏 남아 있는 것이다. 이것을 흔히 신념이라 부른 다. 신념이 막강한 힘을 발휘하는 이유는 우리가 의심 없이 그것 을 받아들이기 때문이다. 아무리 흔들어도 쉽게 무너지지 않는 확 신으로 자리 잡아 미처 의식하지 못하는 사이 우리의 생각, 느낌 과 행동에 무의식적으로 영향을 미치기 때문이다. 잘못된 신념의 몇 가지 예를 들어 보자.

- 완벽해야 해. 무슨 일이든 할 거면 제대로 해야지, 내 사전에 대 충은 있을 수 없어!
- 약한 모습 보이면 안 돼. 내 몫은 해야지.
- 난 성공하지 못할 거야. 성공은 내 몫이 아냐.
- 나만 편하면 된다는 생각은 잘못이야. 모두가 행복해야 나도 행 복하지. 열심히 주변 사람들을 도와야 해.
- 누구한테 부탁하겠어? 다른 사람에게 민폐 끼치면 안 되지. 내 가 혼자 해야지 뭐.
- 난 할 줄 아는 게 없어. 누가 도와주지 않으면 아무것도 못해.

모두 잘못된 신념이다. 이런 신념을 바꾸려면 일단 신념의 실체를 깨닫는 과정이 필요하다. 부정적인 신념들을 하나하나 의식으로 불러내야 한다. 그런 다음 그것이 과연 옳은지 꼼꼼하게 따져 봐야 한다. 당신의 신념은 어떤가? 아래의 실천 노트를 이용해 당신의 신념을 찾아 나서 보자.

우리의 확신은 감정과 행동에 큰 영향을 미친다. 따라서 한 번의 대청소로 잘못된 신념을 훌훌 털어 버릴 수 있다고 생각하면 착각이다. 이런 신념은 오랜 세월을 거치면서 마음속 깊은 곳에 뿌리내렸기 때문에 바꾸기 위해서는 인내와 오랜 시간의 학습이 필요하다. 때로는 외부의 도움도 마다하지 말아야 한다. 혼자서는 도저히 털어 버릴 수 없을 정도로 끈질기고 강력한 신념이 당신을 오래오래 괴롭힌다면 전문가에게 도움을 청해야 한다.

하지만 일단 다음의 방법으로 도전해 보자. 당신에게 도움되지 않는 부정적 신념에 긍정적인 대안을 제시하는 것이다. 그리고 그 긍정적인 대안에 따른 새로운 행동도 떠올려 본다. 최대한 구체적

실천 노트 | **내 안의 신념 살펴보기**

신념이라는 말을 들으면 어떤 말이 제일 먼저 떠오르는가? 혹시 어린 시절에 자주 듣던 말은 아닌가? 부모님이 늘 입버릇처럼 하시던 말은 아닌가? 당신의 마음속에 숨어 있는 독설가는 당신에게 무엇이라고 말하는가? 생각나는 말들을 정리 노트에 적어 보자.

그중 하나를 고른다. 그 말이 당신에게 어떤 영향을 미치는가? 이런 말을 들으면 당신은 어떻게 행동하나? 어떤 기분이 드는가?

으로 쓰고 또 꾸준히 훈련해야 한다. 그래야 자신도 모르는 사이에 그 대안이 새로운 신념과 행동으로 자리 잡을 수 있다.

훈련 과정에서도 분명 '재발'이 있을 수 있다. 뜻밖의 상황에서 과거의 신념과 행동이 불쑥불쑥 튀어나오는 것이다. 그래도 절대 자신을 탓하지 마라. 오랜 세월 당신과 함께 해온 신념이다. 어떻게 하루아침에 없어지겠는가? 잠깐씩 해묵은 신념과 화해할 줄도 알아야 한다. 많은 시간과 인내가 필요한 일이기 때문이다. 예를 들어 다시 예전의 완벽주의 성향이 나타난다면 절망하지 말고 잠시 그것과 화해하라. 그리고 다음 기회에 다시 목표를 낮춰 변화를 시도해 본다.

잘못된 신념	긍정적 대안	새로운 행동
'난 완벽주의자야.'	'나도 사람이야. 실수해도 돼.'	• 100퍼센트가 아닌 90퍼센트만 만족해도 보고서를 제출한다. • 반찬은 3가지면 충분하다. 매 끼니 진수성찬일 필요는 없다.
'모두가 행복해야 나도 행복해.' '주변 사람들을 잘 보살펴야 해.'	'각자에겐 각자의 인생이 있어. 나는 내 인생을 살아야 해.'	• 아이들 방 청소는 직접 하도록 내버려둔다. 절대 대신 해주지 않는다. • 남편이 전동 드릴을 갖다 달라고 해도 직접 가져가 달라고 말한다.
'혼자 해야지. 누구한테 폐를 끼치겠어.'	'남의 도움도 받으면서 사는 게 인생이지. 너무 빡빡하게 굴지 말자.'	• 자전거가 고장 나면 혼자 낑낑대며 끌고 가지 말고 남편에게 고쳐 달라고 부탁한다. • 친구에게 아이들을 부탁하고 오랜만에 보고 싶은 영화를 한 편 본다.

"제가 큰딸이어서 맞벌이하는 부모님 대신 동생들을 돌봤어요. 그게 버릇이 되어서 그런지 지금도 주변 사람들 뒤치다꺼리만 하고 다녀요. 아무리 노력해도 모른 척 할 수가 없어요."

자신의 신념을 점검하고 변화를 시도하는 사람들은 자신의 새로운 면모를 발견하고 깜짝 놀라곤 한다. 지금껏 몰랐던 자신의 모습, 지금껏 외면하고 눌러두기만 했던 소망과 감정이 모습을 드러내기 때문이다. 자신이 생각보다 얼마나 변화무쌍하고 다채로운 사람인지 알게 되고, 자기 안에 숨어 있던 수많은 가능성을 만나게 된다. 그리하여 삶을 향해 더 용기를 내 다가가고, 더 가볍고 활기찬 생활을 즐길 수 있게 된다.

맺는 글
내 삶이
어떻게 변화했는가?

이제 걸음을 멈추고 그동안 이룬 성과를 자축해야 할 시간이다. 당신이 일군 변화를 돌아보라. 인생에는 생각보다 많은 길이 있다는 사실을 깨달은 당신은 행복한 사람이다.

 정리의 기술을 익혀 한 걸음씩 정리 정돈을 시작하면 자신이 바뀌고 삶이 바뀐다. 물건을 정리하고 마음을 내려놓음으로써 삶의 여유와 행복을 되찾을 수 있기 때문이다. 잠시 정리 정돈이 내 삶을 어떻게 변화시켰는지 바라보자. 당신이 경험한 변화는 어떤 것인가? 주변이 어떻게 달라졌나? 집 안 어느 곳이 깔끔하게 정리되었나? 옷장과 서랍이 단정하게 바뀌었는가? 얼마만큼의 쓰레기를 버렸나?

 당신의 마음은 어떻게 달라졌나? 예전 같으면 힘들어도 몸을 혹사시켰지만 이제는 휴식의 중요성을 절감했는가? 어떤 활동을 접고 어떤 활동에 더욱 매진하게 되었나? 관계를 정리한 사람은 누구이며 관계를 점검함으로써 더 깊은 우정을 나누게 된 친구는 누구인가? 해묵은 습관은 어떻게 바뀌었나? 그 밖에 더 달라진 것은 없는가? 정리 노트에 이런 성공의 경험들을 적어 보자.

정리가 가져 온 변화는 삶의 모든 영역에 영향을 줄 수 있다. 거실과 수납장, 안방처럼 눈에 보이는 변화는 물론이고 행동이나 태도, 인생관처럼 보이지 않는 것들도 크게 바뀌었을 테니까.

겉으로는 집이 더 넓어지고 환해졌다. 집이 깨끗해지고 물건이 줄어들어 먼지가 쌓일 일도 줄어들었다. 정리는 부드러운 미풍처럼 살랑살랑 불어와 온 집 안을 에너지로 가득 채웠다.

집에 두기로 결정한 물건은 당신이 선택하고 자리를 마련해 준 것이기에 만족스럽다. 제자리에 가만히 놓여 당신이 즐거운 마음으로 사용해 주기만을 기다린다. 물건들이 제자리를 찾았기 때문에 물건을 찾느라 허비하던 시간이 눈에 띄게 줄었다. 청소도 훨씬 수월해져서 즐거운 마음으로 한다.

마음도 한결 가볍다. 넘치는 물건으로 인한 스트레스가 줄어서 중요한 일에 더 많은 에너지를 투자할 수 있다. 망가진 연필, 어디에 벗어 두었는지 기억도 안 나는 안경, 굴러다니던 컵은 싹 사라졌다. 매일 신문을 읽은 후에는 분리수거함에 버린다. 책상도 항상 정리되어 있어 언제라도 글을 쓰고 책을 읽을 수 있다. 어지러운 집 안을 보면서 느꼈던 마음의 부담, 죄책감도 사라졌다. 번잡하던 활동도 줄여 생활의 여유가 찾아왔다.

마음의 정리 정돈을 시작한 사람들은 미처 몰랐던 자신을 알게 된다. 자신이 무엇을 원했는지, 자신에게 유익한 것이 무엇인지, 정말로 소중한 것이 무엇인지도 깨닫게 된다. 자신에게 더 많은 관심을 기울이게 되므로 정말로 자신의 삶에 도움이 되는 것을 구분할 수 있게 되었고, 그 과정을 통해 차츰 자신감을 키운다. 정리 정돈을 통해 어떤 것을 버리고 어떤 것을 새롭게 맞이할 것인지 꾸준히 판단하고 결정하기에 꽉 막혔던 인생의 강물이 다시 유유히 흐를 것이다. 용기를 되찾은 당신은 예전이라면 감히 도전하지도 못했을 오랜 숙원에도 과감하게 다가갈 수 있을 것이다.

예전에는 불안한 마음을 다잡기 위해 물건을 쌓아 두었다면 이제는 그럴 필요가 없다. 물건뿐만 아니라 삶의 우선순위를 정해 자신 있게, 용감하게 중요한 것을 향해 나아갈 수 있다. 어둡던 미래에 서광이 비치고, 이제 어떠한 어려운 일이 닥쳐도 의연한 마음으로 맞이할 수 있다.

정리를 하면 삶이 가벼워진다. 정말 소중한 사람들과 보내는 시간이 많아지면서 인간관계도 만족스러워진다. 괜히 힘만 빼앗기던 관계는 모두 정리했다. 사람들 앞에서 억지로 좋은 척할 필요도 없기에 마음이 편안하다. 자신의 실수나 모순된 모습에도 관대해졌다. 마음속에서 끝없이 조잘대던 독설가를 몰아냈으니까. 사실 가장 다정하고 친절하게 보살펴야 할 사람은 자기 자신이다.

이제 이 모든 과정을 마친 당신은 인생을 즐겨도 좋다. 되찾은 만족과 여유를 흠뻑 즐기고 마음껏 행복해져도 좋다.

비워 낸 공간을 어떻게 활용할까

정리를 통해 생긴 넓은 공간은 새로운 가능성을 열어 준다. 따라서 나는 마지막으로 당신을 작은 여행으로 초대하고자 한다. 당신만의 소중한 공간을 채워 나갈 수 있는 내 나름의 조언이라고 보면 좋겠다.

편안하게 자리를 잡고 앉아 긴장을 푼다. 마음의 눈으로 다음의 장면을 따라가 보자.

지금 당신의 눈앞엔 넓은 공원이 펼쳐져 있다. 작은 철문으로 공원에 들어가면 고목이 늘어선 가로수 길이 나온다. 그 길을 따라 걸어가면 넓은 풀밭이 나오고 사람들이 그곳에 자리를 펴놓고 즐거운 시간을 보내고 있다. 먹을 것을 나누어 먹고 아이들은 연을 날린다. 조금 더 걸어가자 길이 뱀처럼 구불구불 이어지더니 나지막한 언덕이 나온다. 꼭대기까지 오르니 공터가 나온다. 당신은 공터 벤치에 앉아 저 아래를 내려다본다.

작은 연못에 오리와 백조가 유유히 헤엄친다. 잠시 숨을 고른 당신은 다시 일어나 걸음을 재촉한다. 길은 작은 숲으로 이어진다. 울창한 나무들 사이로 꽃이 피어 있고 새들이 지저귄다. 곳곳에 공터가 보이고 작은 풀밭에서 사람들이 즐겁게 놀고 있다. 작은 숲이 끝나는 지점에서 언덕도 끝난다. 내리막길을 따라 걸으니 장미가 한가득 피어 있는 장미 정원이 나타난다. 당신은 그늘진 벤치에 자리를 잡고 앉아 장미 향기를 맡으며 고요함과 평화를 한껏 즐긴다.

왜 갑자기 공원이냐고 궁금해할지도 모르겠다. 정리를 통해 넓어진 공간을 어떻게 활용할 수 있을까 고민하다 보니 자연스럽게 우리 집 근처의 공원이 떠올랐다. 나는 그곳을 산책할 때마다 정말 큰 행복과 여유를 느낀다. 무엇보다 놀라운 점은 그 공원이 인공 공원이라는 사실이다. 자연의 숲과 별반 차이를 못 느낄 만큼 아름다운데 사람이 만든 곳이라고 한다.

공원의 다양한 활용 가능성도 마음에 든다. 소풍 나온 가족은 풀밭에 앉아 즐겁게 도시락을 먹고 아이들은 연을 날릴 수 있다. 구불구불한 오솔길은 여유 있는 산책의 공간을 선사하고, 걷다 지치면 벤치에서 쉬어 가며 장미 향기에 흠뻑 취해 볼 수도 있다. 나에게는 번잡한 일상을 피해 조용히 시간을 보낼 수 있는 최고의 장소인 것이다.

이 공원의 이미지를 집 안 공간 활용에 적용해 볼 수 있을 것이다. 당신이 공원 관리인이라고 상상해 보자. 당신은 비워 낸 집의 공간을 어떻게 활용할 수 있을까? 그곳에서 당신이 가장 하고 싶은 것은 무엇인가? 어떤 욕구와 소망을 이루고 싶은가?

질문에 대한 답을 찾아 보자. 모든 욕망은 그 나름의 가치가 있고, 또 나름의 조건이 충족되어야 한다. 집에 친구들을 초대하고 싶은 사람은 조용히 사색의 시간을 갖고 싶은 사람과는 전혀 다르게 공간을 꾸밀 것이다. 집에서 일해야 하는 사람, 무엇보다 휴식이 우선인 사람도 각자의 욕구에 따라 공간 활용법이 달라져야 한다. 어디에 얼마만큼의 물건을 둘 것인지, 몇 점의 그림을 걸 것인지, 벽 색깔은 어떤 것으로 고를지도 그러한 기준에 따라 선택해야 한다.

마음 가는 대로 하라. 당신의 본성에 가장 잘 맞는 방식으로 삶의 공간을 꾸며 보자. 당신은 정리를 마쳤고 쌓아 두었던 물건은 다 사라졌다. 이제 넓어진 집과 여유로워진 마음에서 새로운 '무엇'이 탄생하여 꽃을 피울 것이다. 앞으로의 당신의 삶은 풍요롭고 행복할 것이다. 그 삶을 마음껏 즐기자. 당신이 선별해 남긴 물건도, 사람도, 활동도 한껏 즐겨라. 혼란을 버리고 가벼워진 당신의 삶에 온 마음으로 축복을 보낸다.

옮긴이 | 장혜경

연세대학교 독어독문학과를 졸업했으며, 같은 대학 대학원에서 박사과정을 수료했다. 독일 학술교류처 장학생으로 하노버에서 공부했다. 전문 번역가로 활동 중이며《식물탄생신화》,《상식과 교양으로 읽는 유럽의 역사》,《그들을 만나러 간다 런던》,《주제별로 한눈에 보는 그림의 역사》등 다수의 문학과 인문교양서를 우리말로 옮겼다.

삶이 복잡하고
무거운 당신에게

버리고, 비우기

초판 인쇄 2016년 12월 20일
초판 발행 2017년 1월 5일

지은이 　가비 림멜레
옮긴이 　장혜경
펴낸이 　진영희
펴낸곳 　(주)터치아트
출판등록 2005년 8월 4일 제396-2006-00063호
주소 　　10403 경기도 고양시 일산동구 백마로 223, 630호
전화번호 031-905-9435 팩스 031-907-9438
전자우편 editor@touchart.co.kr

ISBN 978-89-92914-79-6 13320

* 이 책 내용의 일부 또는 전부를 재사용하려면 반드시 저작권자와
  (주)터치아트의 동의를 얻어야 합니다.
* 책값은 뒤표지에 표시되어 있습니다.

* 이 도서의 국립중앙도서관 출판시도서목록(CIP)은
  서지정보유통지원시스템 홈페이지(http://seoji.nl.go.kr)에서
  이용하실 수 있습니다. (CIP제어번호:CIP2016031175)